業務をまるごと見える化する

経理・財務の
フローチャート
40

菅 信浩【著】
Nobuhiro Suga

中央経済社

はじめに

【本書の想定読者】

本書は，次のような方々にとって参考になるよう，経理・財務業務の「全体像」を把握するための知識を，フローチャートを用いながら1冊にまとめています。

- ➤ 経理財務部門に配属された方で，自分の担当業務を理解したい方
- ➤ 今は担当業務だけだが，全体像をつかみ仕事の視座を高めたい方
- ➤ 全体像の理解に漏れがないことを確かめたいミドル〜ハイクラスの方
- ➤ 自社ないし子会社の業務プロセス・ルールの構築・見直しに携わる方
- ➤ 公認会計士・税理士などの専門家としてクライアントと対峙するうえで，全体像を理解しておく必要がある方
- ➤ 監査等の立場から広く管理業務を指導する方

経理・財務業務の「全体像」は，ある程度の経験を積まないとつかむことができません。そのため，目の前の業務に気を取られ，木を見て森を見ずということになりがちです。

なぜ「全体像」をつかむことが重要なのか。

一般論で言えば，自分に与えられた個別の仕事がどの業務フローに属するか，その業務フローの目的は何か，翻ってその業務フローの目的を達成するために個別の仕事が全体の中でどのような役割を果たしているのか，ということが把握できれば，その仕事を実施するうえで求められていることを的確かつ最短で達成することが可能となります（担当者レベルの業務の質の向上）。

さらに視座を高くすれば，会社が目指すもの（理念，得るべき便益，抑えるべきリスク等）を理解し，それを達成するために会社の各業務フローに求められる役割が把握できれば，業務フローの改善や会社全体の業務のあり方の改善につながっていきます（会社レベルの業務の質の向上）。つまり，全体像をつかむことにより目的が明確となり効果的かつ効率的な業務の遂行が可能となり

ます。

　内部統制に着目すると，会社にある重要なリスクに対して，会社全体あるいは各業務フローのどこでリスクを抑えているかを把握して，全体としてリスクに対して十分な内部統制が整備されていない場合は効果的な内部統制を追加で整備し，過度にリスクを抑えるための内部統制が整備されている場合は不要な内部統制を削減することで，効果的かつ効率的な内部統制の整備が可能となります。

　経理・財務業務の「全体像」をつかむことは，プロフェッショナルとしての基礎を築くことにほかなりません。

【本書の特徴】

　本書では，できるだけそのまま実務で活用できるようJSOXや上場審査で耐えられるレベルを意識した「フローチャート」を元に，「帳票・申請書」のひな形を交えて各業務プロセスを説明しています。

　また，巻末の「Appendix」では，実務上整備が必要ではあるものの書籍等で解説されることが少ない「細則」「通達」「マニュアル」の事例を紹介しています。これらがどの業務プロセスで使われているかを各章の解説に紐づけていますので，業務をより実践的に理解できるとともに，そのまま会社に適用できるひな形になるよう配慮しました。

　これら本書に収録している「フローチャート」や，巻末の「Appendix」で紹介している「細則」「通達」「マニュアル」は，実際に読者の皆様が活用できるようデータのダウンロードもできます（有料）。

【データ版】「フローチャート」「Appendix」等ダウンロードのご案内

本書でご紹介しているフローチャートやAppendixのデータ版（一部，本書の記述と異なる箇所があります）を，Webからダウンロードすることができます（有料）。

　右記の中央経済社が運営する「ビジネス専門書Online」にアクセスしていただき，「編集者のコメント」欄からURLをクリックしてお進みください。

https://www.biz-book.jp/isbn/978-4-502-51011-3

データのダウンロード後は編集が可能ですので，自社に合わせた規定を作成することができます。
　なお，読者の皆様の利便性を高めるためコピーガードは付しておりませんが，著作権は著者に帰属しております。第三者へのデータの譲渡や販売などは禁止です。ご使用の際は自社内に留めてください。

㈱中央経済社

【おすすめの読み方・使い方】

　経理財務の実務に初めて触れる方でも読み解くことができるよう努めました。一方，簡単にしすぎると実務では役に立ちませんので，実務的かつ初学者がギリギリ理解できるレベルを狙っています。そのため，多少難しいところがあっても気にせず読み飛ばしてください。多少理解できない部分があったとしても，最後まで読んでいただくことで，経理財務の全体像をつかめるようになります。

　なお，会計的に複雑な論点について中途半端に触れると読者をミスリードするおそれがあるため，あえて触れていない部分があります。会計的に深掘りしたい論点があれば，別途簿記・会計の参考書・専門書をご活用ください。

　また，各論点を読み進めるおすすめの方法は，業務フローチャートのページのコピーをとり，フローチャートの後ろの業務処理の記述を読むときにはフローチャートを横に置いて，指でなぞりながら読み進める方法です。業務処理の記述を読むときにいちいちフローチャートのページに戻るのは思考が止まってしまい，頭に入りにくくなるためです。

【さらに経理・財務業務を理解したい方へ】

　本書を読んで，もっと経理財務その他管理業務，会社に必要な内部統制を極めていきたいという方は，拙著『チェックリストでリスクが見える　内部統制構築ガイド』（中央経済社刊）を手に取っていただければと思います。

　いわば経理・財務業務の「森」（全体像）を見る本書と，経理財務も含めた管理全般の「木」（個別のリスクと対策）を理解する『チェックリストでリスクが見える　内部統制構築ガイド』を合わせて読むことで，経理財務その他管理業務の知識をより深くかつ網羅的に学ぶことができます。

　本書が，経理財務を中心とした管理業務をマスターするための一助となることを祈っております。

菅　信浩

CONTENTS

はじめに　i

序　章　業務フローを理解する必要性と本書の構成 ── 1

1　典型的な業務フローを理解する必要性 ················· 2
（1）適切な内部統制の整備　2
（2）全体最適化　2
（3）専門家や指導的立場での業務　3
（4）業務フローの構築　3

2　本書の構成 ·············· 4
（1）本書の構成と経理・財務の業務プロセス　4
（2）本書の構成とB/S・P/Lとの関係　5

第1章　現金預金管理 ─────────── 7

1　銀行振込/入金 ················· 8
（1）預金口座の種類と銀行振込　8
（2）業務フローチャート　9

2　銀行振込/支払 ················· 12
（1）支払方法として銀行振込が望ましい理由　12
（2）業務フローチャート　12
（3）なりすましメール詐欺　15

3　小口現金管理 ················· 16
（1）現金の基本的な管理方法　16
（2）業務フローチャート　17

II

　　　　4　現金残高管理 ……………………………………………………………… 19
　　　　　　（1）現金実査　19／（2）業務フローチャート　20
　　　　5　預金残高管理 ……………………………………………………………… 22
　　　　　　（1）預金残高照合　22／（2）業務フローチャート　22

第2章　小切手管理 ——————————————————————————— 25

　　　　1　小切手の振出 ……………………………………………………………… 26
　　　　　　（1）小切手を使用するリスク　26
　　　　　　（2）業務フローチャート　27
　　　　2　小切手の受取 ……………………………………………………………… 28
　　　　　　（1）受取小切手のリスク　28
　　　　　　（2）業務フローチャート　29

第3章　販売・売上債権管理 ————————————————————— 31

　　　　1　売上業務 …………………………………………………………………… 32
　　　　　　（1）与信管理と反社チェック　32
　　　　　　（2）業務フローチャート（与信管理）　33
　　　　　　（3）業務フローチャート（反社チェック）　38
　　　　　　（4）販売プロセス　40
　　　　　　（5）業務フローチャート（国内販売プロセス）　43
　　　　　　（6）業務フローチャート（輸出販売プロセス）　46
　　　　　　（7）輸出取引における代金の回収方法　51
　　　　　　（8）貿易取引における費用負担・危険負担の定義　52
　　　　　　（9）業務フローチャート（建設業売上プロセス）　54
　　　　　　(10)余った建築資材や再利用される仮設材の取扱い　62
　　　　2　滞留債権管理 ……………………………………………………………… 63
　　　　　　（1）滞留債権と管理の必要性　63

（2）業務フローチャート　63

（3）契約解除条項と期限の利益喪失条項　66

③ 債権残高管理業務 ·· 66

（1）残高確認の必要性　66

（2）業務フローチャート　68

（3）確認状の偽造の実際の手口　72

（4）電子メールを利用した自主残高確認　73

第4章 購買・仕入債務管理 ——————————— 75

① 購買業務 ··· 76

（1）購買に関する不正リスク　76

（2）業務フローチャート　76

（3）原価計算プロセス　80

② 滞留債務管理 ··· 81

（1）滞留債務のリスクとその管理の前提　81

（2）業務フローチャート　82

③ 債務残高管理業務 ··· 84

（1）債務に対して残高確認が行われない理由　84

（2）業務フローチャート　85

第5章 棚卸資産管理 ——————————————— 87

① 残高管理 ··· 88

（1）実地棚卸とは　88

（2）業務フローチャート　89

（3）実地棚卸の立会時のアドバイス　95

② 受払管理 ··· 97

（1）受払管理　97

IV

　　　（2）業務フローチャート　97

　　3　適正在庫管理 ────────────────────────── 99

　　　（1）在庫の滞留　99

　　　（2）業務フローチャート　100

　　　（3）評価ルールを定める意義　101

第6章　固定資産管理 ─────────────── 103

　　1　現物管理 ──────────────────────────── 104

　　　（1）固定資産実査　104

　　　（2）業務フローチャート　105

　　2　取得管理 ──────────────────────────── 107

　　　（1）申請手続　107

　　　（2）業務フローチャート　108

　　3　除売却管理 ────────────────────────── 110

　　　（1）申請手続　110

　　　（2）業務フローチャート　111

　　　（3）除却・廃棄が大切な理由　113

　　4　資産評価 ──────────────────────────── 114

　　　（1）減損とは　114

　　　（2）業務フローチャート　115

　　　（3）ソフトウェアの減損　117

　　5　その他の手続 ──────────────────────── 118

　　　（1）減価償却　118／（2）リース取引　119

　　　（3）資産除去債務　120／（4）税　　金　121

第7章　有価証券管理 ─────────────── 123

　　1　現物管理 ──────────────────────────── 124

（1）有価証券実査　124

（2）業務フローチャート　124

② 取得・売却管理 ──────────────────────── 126

（1）有価証券の取得・売却の諸手続　126

（2）業務フローチャート　126

③ 資産評価 ──────────────────────────── 129

（1）会計方針　129／（2）業務フローチャート　130

第8章　経費管理 ───────────────────────── 131

① 全般管理 ──────────────────────────── 132

（1）経費精算チェック項目（承認者・検証者）　132

（2）業務フローチャート　133

（3）経費効率化あれこれ　136

② 個別費目管理 ───────────────────────── 136

（1）交際費　136／（2）会議費　136

（3）旅費交通費　137

第9章　給与・賞与・退職給付 ─────────────── 141

① 給与計算 ──────────────────────────── 142

（1）給与計算の留意点　142

（2）業務フローチャート　143

（3）社会保険料と源泉税額の算定　146

② 賞　　与 ──────────────────────────── 148

（1）従業員賞与に関する義務　148

（2）業務フローチャート　149

（3）賞与引当金　149

（4）役員報酬と役員賞与　152

VI

3 退職給付 154

（1）退職給付制度　154

（2）業務フローチャート　156

第**10**章　契約管理 ————————————————————— 159

1 契約管理 160

（1）締結管理の必要性　160

（2）業務フローチャート　161

（3）締結済契約管理の必要性　164

第**11**章　決算業務 ————————————————————— 167

1 決算とは 168

2 事前準備 169

（1）決算方針策定　169

（2）スケジュール策定　169

（3）経理部門内担当割　170

3 決算手続 170

（1）関係部サポート　170

（2）売上高確定　171

（3）売上原価確定　171

（4）共通費配賦　171

（5）仮勘定整理　171

（6）経過勘定計上　172

（7）長短債権債務整理　172

（8）勘定残高精査　173

（9）見積項目計上　173

（10）社内勘定整理　173

（11）外貨建取引　174

（12）試算表・元帳・BS・PL作成　176

（13）決算確定　177

4　役員報告 ·· 178

（1）役員報告資料作成　178

（2）監査役による監査対応　179

（3）取締役会上程　179

5　監査法人による監査への対応 ·· 179

（1）対応事前準備　180

（2）往査　180

（3）経営者確認書および監査報告書　181

6　開示・配当 ··· 181

（1）有報・計算書類等作成　181

（2）監査法人等のチェック・招集通知など　182

（3）剰余金の配当　182

第12章　法人税申告業務 ———————— 185

1　日常対応 ··· 186

（1）関係部署へのアドバイスと情報収集　186

（2）税務署等への事前問い合わせ　186

2　中間申告 ·· 186

（1）申告額算定　186

（2）中間申告書提出　187

3　確定申告 ·· 187

（1）申告額算定　187

（2）申告書提出　189

VIII

第13章　連結決算業務 ——————————— 191

① 連結決算とは ……………………………………… 192

② 連結範囲の決定等 ……………………………… 194

（1）連結範囲の決定　194

（2）連結方針・スケジュール策定　194

（3）連結対象会社への通知・説明　195

③ 連結RPの送付・回収 ………………………… 196

（1）連結RPの送付　196

（2）連結RPの回収　197

（3）外貨建財務諸表の換算　197

④ 連結精算表の作成 ……………………………… 198

（1）単純合算　198

（2）資本連結仕訳・成果連結仕訳　199

（3）持分法仕訳　199

（4）連結精算表　200

⑤ 連結キャッシュ・フロー計算書の作成 ………… 204

（1）作成方法　204

（2）営業活動によるキャッシュ・フローの表示方法　205

（3）CF精算表　205

第14章　予算管理 ——————————————— 209

① 年度予算策定 …………………………………… 210

（1）予算策定方法　210

（2）業務フローチャート　211

（3）予算の勘定科目の粒度　213

② 予算実績分析・修正予算 ……………………… 213

（1）目　　的　213

CONTENTS IX

（2）業務フローチャート（予算実績分析） 214
（3）業務フローチャート（修正予算） 215

第15章 資金計画・調達管理 ——————— 217

1 中長期資金計画 ‥‥‥‥‥‥‥‥‥‥‥‥‥‥‥‥‥‥‥‥‥‥‥‥‥ 218
（1）経営理念・経営方針・行動指針・戦略等 218
（2）既存事業計画と新規事業計画を中長期で作成 219
（3）資金計画作成 220

2 短期資金計画 ‥‥‥‥‥‥‥‥‥‥‥‥‥‥‥‥‥‥‥‥‥‥‥‥‥‥ 220
（1）年度予算策定 220
（2）月次BSおよび月次PLをベースに資金計画を策定 221

3 銀行借入 ‥‥‥‥‥‥‥‥‥‥‥‥‥‥‥‥‥‥‥‥‥‥‥‥‥‥‥‥ 222
（1）銀行借入の前提 222
（2）業務フローチャート（銀行借入） 225
（3）業務フローチャート（利息支払・元本返済） 227
（4）期末管理 227
（5）支払利息のオーバーオールテスト 228

4 増　　資 ‥‥‥‥‥‥‥‥‥‥‥‥‥‥‥‥‥‥‥‥‥‥‥‥‥‥‥‥ 229
（1）増資とは 229
（2）業務フローチャート 230

第16章 会社に必要なルール ——————— 233

1 主要な規程等 ‥‥‥‥‥‥‥‥‥‥‥‥‥‥‥‥‥‥‥‥‥‥‥‥‥‥ 234
2 必須となる規程等 ‥‥‥‥‥‥‥‥‥‥‥‥‥‥‥‥‥‥‥‥‥‥‥‥ 235
（1）定　　款 235
（2）取締役会規程 236

x

（3）監査役（会）規程　236

（4）組織規程　236

（5）職務分掌規程　236

（6）職務権限規程　237

（7）稟議規程　237

（8）経理規程　237

（9）販売管理規程　238

（10）購買管理規程　238

（11）与信管理規程　238

（12）コンプライアンス規程　239

（13）就業規則　239

（14）賃金（給与）規程　239

（15）人事（考課）規程　239

（16）文書（情報資産）管理規程　239

（17）情報セキュリティ管理規程　240

（18）署名・印章等管理規程　240

Appendix　「細則」「通達」「マニュアル」等 ———— 241

1　小口現金取扱要領 ………………………………………… 242

2　現金等実査実施要領 ……………………………………… 244

3　切手・収入印紙等管理要領 …………………………… 246

4　反社会的勢力調査マニュアル ………………………… 249

5　自主残高確認実施要領 ………………………………… 253

6　滞留債務管理要領 ……………………………………… 255

7　実地棚卸実施要領 ……………………………………… 256

8　滞留商品管理要領 ……………………………………… 259

9　固定資産実査実施要領 ………………………………… 262

10　署名・印章等管理規程 ………………………………… 264

11	見積項目計上要領	269
12	ITセキュリティ従業員向けルール	272
13	なりすましメール対応要領	278
14	非通例取引に係る取扱要領	281

序 章

業務フローを理解する必要性と本書の構成

　序章では，まずは「なぜ典型的な業務フローを理解する必要があるのか」について，（1）適切な内部統制の整備，（2）全体最適化，（3）専門家や指導的立場での業務，（4）業務フローの構築の4つの観点から紹介します。

　業務フローを理解する目的を明らかにしたうえで，本書で扱う業務フロー間の関係と業務フローと財務諸表の関係を紹介し，財務経理が携わる業務の全体像と各業務フローの位置関係を理解していただきます。

① 典型的な業務フローを理解する必要性

なぜ典型的な業務フローを理解することが必要となるのか（1）適切な内部統制の整備，（2）全体最適化，（3）専門家や指導的立場での業務，（4）業務フローの構築の4つの観点で考えてみましょう。

（1）適切な内部統制の整備

会社が行っている業務フローに一定の規則性があるのは，どの会社にも共通する業務上の課題やリスクとそれを低減する内部統制（企業活動を適正に遂行するための仕組みやルール）があるからです。

理論的にはリスクがあるから内部統制が必要になるのであって，会社にどのようなリスクがあるのかを認識し，これに対処するために必要な内部統制が何かを考えるのが順序としては正しいですが，現実的にはあるべき業務フローを知らずにリスクを特定することは困難です。

まずは「典型的な業務フロー」を知ってから，なぜそのような業務フローになっているのかを考え，リスクをイメージすることが近道となります。

直接的に言えば，典型的な業務フローを理解し自社にはない内部統制を見つけた場合に，それが自社に必要と判断すれば適切に整備することができます。逆に，典型的な業務フローにはない内部統制を自社で見つけ，リスクを勘案しても不要だと判断できるならばそのフローを削減・簡略化することができます。

（2）全体最適化

会社の各業務の大半は一連の業務フローの一部を構成しており，単独で存在していることはほとんどありません。一部の業務を担当している場合であっても，担当業務が業務フローのどこに位置づけられるのかを知ることで，理解が深まるとともに全体効率化につながるアクションを取ることもできます。

たとえば，担当業務と同じ視点でチェックしている別担当の業務があったら，どちらかの業務を削減・簡略化することが可能です。業務フロー上の他の業務を理解していれば，担当業務のドキュメンテーション等を他の業務にとっても

有益な方法に改善できることもあります。

　このように俯瞰的な視点で広く業務を理解することは，より高い視座からの業務遂行につながり，おのずと周囲からの評価にもつながるでしょう。

（3）専門家や指導的立場での業務

　監査法人に所属している会計士等（公認会計士試験合格者を含む）は会社の担当者から見ると「専門家なのだから何でも知っているはず」と思われがちです。つまり，会計士等は広く世の中の会社が典型的にどのような業務フローを整備しているのかを，当然に知っていると思われています。

　しかし現実には，新人はもちろん，BIGクライアントのチームに囲われていていまだ多くの会社・業務を経験できていない若手なども一般的な業務フローを幅広く知るチャンスには恵まれず，必ずしも皆が十分な知識を持っているとは限りません。

　公認会計士試験では直接的に業務フローが問われることはほぼないので，新人が知らなくても不思議ではないのですが，会社の担当者からは「専門家なのに知らないのですか？」と不本意な評価を受けることもあります。

　これは，税理士や監査部等の立場からあるべき業務を専門家として指導する方々についても同じようなことが起こるかもしれません。

　典型的な業務フローを知ることによって，どの会社にも通じる会社の仕組みを俯瞰的に理解することにつながり，自信をもって業務につくことができます。

（4）業務フローの構築

　一から業務フローの構築を行わなければならない場合はもちろん，未成熟な会社の業務フローをブラッシュアップするときなどには，典型的な業務フローを理解したうえで，必要十分な内部統制を整備していく必要があります。

　また，JSOX（内部統制報告制度），IPO（新規上場），HACCP（ハサップ），ISO9000・ISO14000シリーズに代表されるマネジメントシステム規格の認証など，必要な業務フローを構築するとともにフローチャートを用いて説明することが求められるケースもあります。

2 本書の構成

(1) 本書の構成と経理・財務の業務プロセス

本書の構成を「業務上の関係」のフローで示すと以下のとおりです。

【図表序－1　業務上の関係】

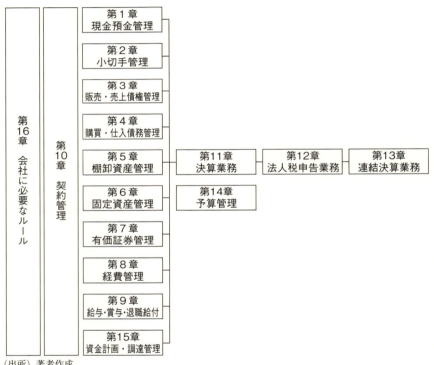

(出所) 著者作成

　第16章「会社に必要なルール」や第10章「契約管理」をベースとして，第1章「現金預金管理」から第9章「給与・賞与・退職給付」や第15章「資金計画・調達管理」の個別のプロセスが遂行され，さらに個別プロセスの結果に基づいて第11章「決算業務」から第13章「連結決算業務」といった決算関連業務が行われ，財務諸表等による外部開示等が行われることになります。

序章　業務フローを理解する必要性と本書の構成　5

（2）本書の構成とB/S・P/Lとの関係

「貸借対照表（B/S）・損益計算書（P/L）との関係」で整理すると以下のとおりです。

【図表序－2　貸借対照表・損益計算書との関係】

貸借対照表

1．流動資産			3．流動負債		
現金預金	第1章	現金預金管理	仕入債務	第4章	購買・仕入債務管理
	第2章	小切手管理	未払法人税等	第12章	法人税申告業務
売上債権	第3章	販売・売上債権管理	短期借入金	第15章	資金計画・調達管理
（貸倒引当金）	第3章	販売・売上債権管理	賞与引当金	第9章	給与・賞与・退職給付
棚卸資産	第5章	棚卸資産管理	4．固定負債		
2．固定資産			長期借入金	第15章	資金計画・調達管理
有形固定資産	第6章	固定資産管理	退職給付引当金	第9章	給与・賞与・退職給付
無形固定資産	第6章	固定資産管理	5．資本合計		
のれん	第13章	連結決算業務	資本金	第15章	資金計画・調達管理
投資	第7章	有価証券管理	剰余金	第11章	決算業務

損益計算書

売上高	第3章	販売・売上債権管理
売上原価	第4章	購買・仕入債務管理
	第5章	棚卸資産管理
売上総利益		
経費	第8章	経費管理
	第9章	給与・賞与・退職給付
営業利益		
支払利息	第15章	資金計画・調達管理
受取利息	第1章	現金預金管理
税引前利益		
法人税等	第12章	法人税申告業務
税引後利益		

包括的な業務

第10章	契約管理
第11章	決算業務
第13章	連結決算業務
第14章	予算管理
第16章	会社に必要なルール

（出所）著者作成

　本書で紹介する業務プロセスにより，財務経理で取り扱うほぼすべての財務諸表項目がカバーされます。

　各財務諸表項目の業務フローを深く理解するには，前提となるルール（規程，細則等）の理解もあわせて必要になりますので，第16章で会社に必要な主要なルールを紹介するとともに，Appendixでさらに詳細なルールを紹介しています。

　本章にて，なぜ業務フローを理解する必要があるのか，その「目的」が明ら

かになり，さらに，「各業務フロー間の関係」と「業務フローと財務諸表の関係」を理解したことにより「業務の全体像と各業務フローの位置関係」が理解いただけたと思います。

　第1章以降で，フローチャートを用いて実際の証憑の動きをイメージしつつ，財務経理を中心とした業務の具体的な流れをつかみましょう。

第 1 章

現金預金管理

---

1 銀行振込/入金
   （1）預金口座の種類と銀行振込
   （2）業務フローチャート

2 銀行振込/支払
   （1）支払方法として銀行振込が望ましい理由
   （2）業務フローチャート
   （3）なりすましメール詐欺

3 小口現金管理
   （1）現金の基本的な管理方法
   （2）業務フローチャート

4 現金残高管理
   （1）現金実査
   （2）業務フローチャート

5 預金残高管理
   （1）預金残高照合
   （2）業務フローチャート

　現金預金管理はどこの会社にも必ず存在するプロセスとして基本中の基本です。一方で，直接現金を手に入れることができる不正の動機・横領のリスクがもっとも高いプロセスです。

　特に現金預金と会計処理の両方を扱う財務経理部では業務上横領のリスクが他の部署より高いため，現金預金管理は非常に重要です。

1 銀行振込/入金

（1）預金口座の種類と銀行振込

銀行預金口座には大きく以下の３つの種類があります。

・普通預金口座

普通預金は自由に入出金ができる口座で，預金残高に対し受取利息が生じます。

・定期預金口座

定期預金は現金を預ける期間を設定し，満期になるまで引き出さなければ普通預金口座より高い受取利息を受け取れる口座です。

・当座預金口座

当座預金は小切手等を振り出すために利用する口座で利息はつきません。この口座を個人で開設する人はあまりいないですし，最近は小切手自体使わなくなってきているので知らない人も多いです。

銀行振込とは口座名義人が保有する口座から資金を口座名義人の指定する受取人の預金口座に入金させる送金方法です。個人では銀行窓口で振込用紙に記載したりATMやインターネットバンキング（Internet Banking，IB）を利用したりしますが，会社では一部の税金等の支払を除き大半の振込はIBにて行うのが一般的です。

なお，IBや会計システム等のツールを使用する場合は，セキュリティの観点からID・パスワードの管理（パスワードの複雑性を含む）は厳重に行いましょう。

（2）業務フローチャート（銀行振込/入金）

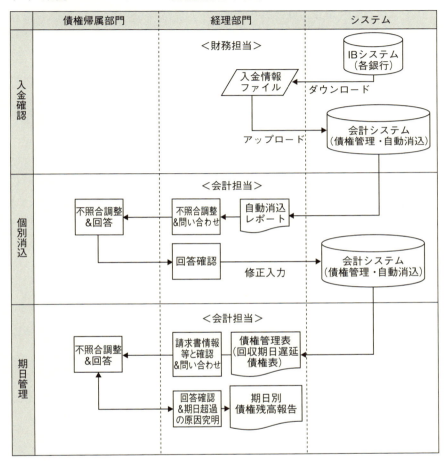

　銀行振込による入金があった場合には，まず銀行口座の入金情報を入手し，仮受勘定でいったん入金計上の処理を行います。その後，入金内容を自社請求内容と確認したうえで個別に消込処理を行います。その結果を反映した債権管理表に基づいて回収コントロールを行っていきます。

　具体的な業務処理記述をフローチャートと比較しつつ確認していきましょう。

【入金確認】

IBシステムを利用し，自社口座の残高や入金情報（誰からいくら入金されたか）をインターネット経由で確認することができ，入金情報をCSVファイル形式等でダウンロードすることができます（入金情報ファイル）。

入金確認は入金情報ファイルを会計システムにアップロードし入金処理を行うことで実施します。

| （借）当座預金（資産） | ××× | （貸）仮受金（負債） | ××× |

【個別消込】

最近の会計システムは大手銀行の入金情報ファイルを取り込むと，自動で債権管理の情報と照合してほとんどの入金を個別消込（契約ごとの売掛金等に対して個別に入金処理）してくれるものが多いです。

自動消込レポートを出力した結果，会計システムが個別消込しきれなかった入金については，いったん「仮受金」として負債計上が残ります。

経理部門は必要に応じて社内の関係部署に問い合わせて，「仮受金」がどの債権に対応する入金であるかを１つひとつ確認します。

その結果を会計システムに入力することで，すべての入金を契約ごとの債権と消込ができれば，入金処理が完了します。

| （借）仮受金（負債） | ××× | （貸）売掛金（資産） | ××× |

個別消込を行わず，取引先ごとの債権残高の総額に対してマイナスするような入金処理を行うと債権の期日管理ができなくなり，どの債権が回収できていないのか判別が困難になります。その結果，取引先に支払うよう催促することもできなくなり，気づいたら消滅時効が成立し回収できない，ということが起こりえます。きちんと個別消込・期日管理をしましょう。

【期日管理】

入金の結果を会計システムに反映後，債権管理表を出力し回収期日までに振込がなされていない債権がないかを確認します。

未回収の債権があった場合は債権帰属部門に未回収の理由等を確認し，債権

の回収状況について定期的に上位者（経理部長，管理本部長ないし社長など）に報告します（期日別債権残高報告）。

期日までに回収されない債権先は財務体質に問題が生じている兆候の可能性がありますので，回収リスクの観点からも注意が必要です。

☕ コーヒーブレイク　～源泉徴収～

源泉徴収とは給与，不動産賃料，サービスの対価，利息などを支払う事業者が，その総額（受け取る側からすると所得）に対してかかるであろう受取側の所得税等の税金を控除した残額だけを支払い，控除した税金相当を代わって国に納付する制度です。所得が生じた納税者にお金が渡る前に支払う側に納付義務を課すことで，国が税金を取り損ねることを回避することを目的としています。

たとえば，預金の受取利息は銀行によって所得税等が源泉徴収されるので，その分を「仮払法人税等」として会計処理する必要があります。

| （借）普通預金（資産） | 90 | （貸）受取利息（収益） | 100 |
| 仮払法人税等（資産） | 10 | | |

【図表１－１　源泉徴収】

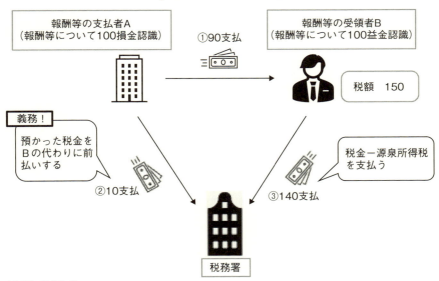

(出所) 著者作成

2 銀行振込/支払

(1) 支払方法として銀行振込が望ましい理由

　一般に支払を行う方法には，現金，小切手，そして銀行振込による方法があります。日常業務で扱われる現金は横領・盗難が起きやすく徹底した管理が求められます。また，小切手はそれ自体で換金性が高く，物理的にも1枚で高額を持ち運べ，小切手の交換所のタイムラグという欠点もあるため，小切手の作成者，あるいは銀行印の捺印者による小切手を使った横領のリスクがあります。

　そのため，できるだけ銀行振込を活用し現金や小切手での支払を減らすことが横領等を防止するのに有効です。

(2) 業務フローチャート（銀行振込/支払）

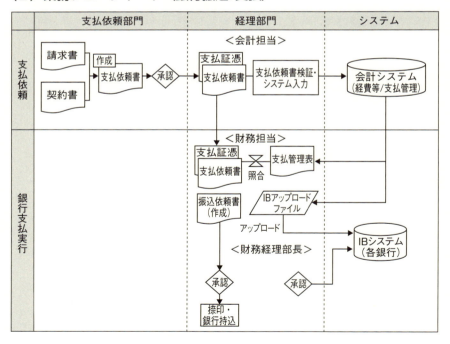

第1章　現金預金管理　　13

　銀行振込による支払は，支払を依頼する部門にて支払依頼を行い，その精査後に財務部門等が支払を実行する流れとなります。

　具体的な業務処理記述をフローチャートと比較しつつ確認していきましょう。

【支払依頼】

　取引先からの請求書ないし契約書に基づいて支払が必要な場合，担当者が支払依頼書（図表1－2）を作成し上長が承認します。

　承認された支払依頼書はエビデンス（請求書等の支払証憑）とともに経理部門に回付され，会計担当者により検証されたのち，まだ債務が計上されていない場合は債務計上を行います（このときに支払先情報と支払予定日の入力等も行います）。

【銀行支払実行】

　支払依頼書はエビデンスとともに財務担当者に回付されます。財務担当者は会計システムから出力された支払管理表に基づいて，支払期日が近づいてきた債務について支払依頼書と照合します。

＜IBによる支払の場合＞

　同じく会計システムから出力されたIBシステムへのアップロードファイルをIBシステムにアップロードし，内容を確認のうえでIBシステムでの支払申請を行います。IBシステムの支払確定権限を持った上長（財務経理部長等）が，財務担当者から回付された支払依頼書に基づいてIBシステムの支払申請を最終確認し，支払を承認（確定処理）することで，振込が実行されます。

| （借）買掛金（負債） | ×××　 | （貸）当座預金（資産） | ××× |

＜銀行窓口での振込依頼の場合＞

　財務担当者は支払依頼書に基づき銀行の振込依頼書を作成し，上長に回付します。上長の承認に基づいて銀行印を押印し振込依頼書を銀行に持ち込みます。

| （借）租税公課（費用） | ×××　 | （貸）当座預金（資産） | ××× |

【図表１－２　支払依頼書】

支払依頼書

社長	管理部長	所属部長

精算申請日		
申請者	所属	
	氏名	
	社員No.	

支払合計金額		手数料負担	当方・相手
支払予定日		前払取引	☐
注文No.			
内容			
請求書No.			
取引先コード			

①国内振込

支払先名 （口座名義）	フリガナ
銀行名	
支店名	
預金種別	
口座番号	

②海外送金

受取人名	
受取人住所	
口座番号	
銀行名	
支店名	
銀行住所	
SWIFT等	
送金目的	

管理部使用欄

申請番号		経理処理	支払検証

（出所）著者作成

第1章　現金預金管理　　15

　銀行振込による支払であっても現預金の取扱いは依然としてリスクが高い手続であることに変わりはないので，会社によっては承認者をさらに設ける職務分掌による牽制を強化します。具体的にはIBにおいては２名以上の承認者を登録し，振込依頼書への押捺は直属上長の承認と銀行印管理者の承認により初めて実施されるように，支払の実行に３名の関与が必要となるように内部統制を整備することもあります。

　なお，支払が完了したら支払済印（Paid印）を請求書等に押捺します。これにより同じ請求書等に対して重複して支払を行ってしまうミスを防ぎます。

（3）なりすましメール詐欺

　なりすましメール詐欺とは，実在する取引先になりすまして受信者を騙すメールのことをいいます。

【図表１－３　なりすましメール詐欺】

取引先

なりすまし
犯人

当月末の当社への支払口座が以下に変更となりましたので，よろしくお願いいたします。

abc@xxx.com

表示されるアドレスをabc@xxx.comに偽造

犯人

指定された偽の銀行口座に振込

取引先

支払がまだですよ。
支払口座の変更など依頼していませんよ？

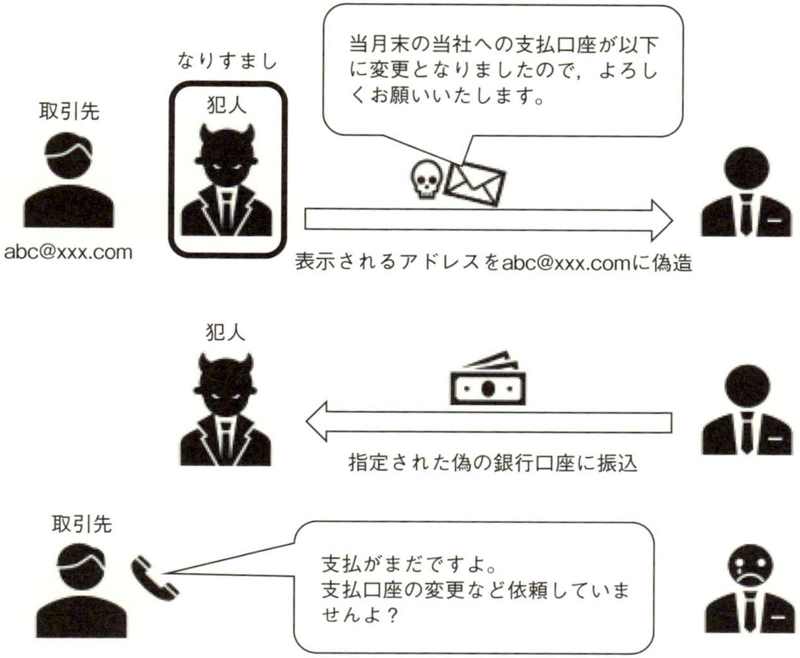

（出所）著者作成

たとえば，送信者がメールのヘッダ（メールの詳細情報が書かれている部分のこと）を偽造しクライアントソフトウェアが不正な送信元アドレスを表示するようにしたり，取引先のメールサーバーが他者に乗っ取られることで，取引先になりすまして支払先口座の変更を要求するような偽の内容のメールが送られ，受信者が偽の請求書PDFに基づく偽口座に振り込んでしまうような詐欺はよく行われており，数億円単位で被害が出ていることも珍しくありません。

——☞ Appendix　13．なりすましメール対応要領　参照

③　小口現金管理

（1）現金の基本的な管理方法

多額の現金を手許に置くことは横領のリスクが高まるため，最小限に抑える必要があります。当然ですが金庫など厳重な設備により保管する必要があります。そのため，現金を受け取ることが多い業種では1日に複数回銀行に預金して手許の現金を減らしたり，社内に銀行の夜間金庫のような金庫（郵便ポストのように現金を入れることができる金庫）を設置することもあります。

小口現金は小切手振出や銀行振込によらずに，少額の支払を行うために手許に保有する現金のことを言います。

小口現金の最大保有金額，支払可能な金額限度や内容，権限をあらかじめ定めておき，それに従った支払を行います。

一般に経費以外の立替払いや貸付などは禁止し，現金は小口現金取扱担当者が手提げ金庫に入れて責任を持って管理し，就業時間外は手提げ金庫ごと大金庫（簡易なものでなく堅牢で持ち運び困難な金庫）内に保管します。

——☞ Appendix　1．小口現金取扱要領　参照

（2）業務フローチャート（小口現金管理）

	手許現金保有部署	経理部門	システム
補充	＜小口現金取扱担当者＞ 小口現金申請書	＜財務担当＞ 承認 ＜支払＞プロセス	小口現金管理システム 会計システム（経費等/支払管理）
現金支払実行	＜申請者＞ 領収書等 経費精算書 ＜小口現金取扱担当者＞承認 現金支払＆出納帳入力		会計システム（経費等/支払管理） 小口現金管理システム

　本社は小口現金を保有する部署からの申請について小口現金出納帳を検証したうえで補充します。支払の実行については，経費精算書の申請・承認後に，小口現金取扱担当者が支払を実行する流れとなります。

　具体的な業務処理記述をフローチャートと比較しつつ確認していきましょう。

【補充】

　小口現金管理は，一般に定額資金前渡法を採用している会社が多いです。これは一定額を小口現金取扱担当者に前渡しして，定期的に使った資金と同額を補充する方法です。

　小口現金取扱担当者は，小口現金出納帳によって科目別に分類した支払額を領収書などの証憑とともに管理しますが，一定期間ごともしくは資金が不足する可能性がある場合に「小口現金申請書」を作成し，経理部門に現金補充の申請を行います。

　財務担当は証憑と照合したうえで補充を承認し，小口現金管理システムに補充の入力を行います。小口現金管理システムは会計システムと連携し，支払プ

ロセスを経て，手許現金保有部署の銀行口座への振込によって必要額を補充します。

【現金支払実行】

経費等の精算を必要とする申請者は「経費精算書」を作成し，小口現金取扱担当者に領収書等の証憑とともに提出します。小口現金取扱担当者は申請内容を確認し承認するとともに申請された金額を申請者に支払います。

小口現金取扱担当者は支払内容に応じて適切な科目を指定して，小口現金管理システムの出納帳入力を行います（図表1－4）。

小口現金は支店等の管理の目が届かない場所で扱われることも多く，横領されるリスクが非常に高い資産です。

牽制の観点からは記帳担当者と現金出納（現金を渡す）担当者は分けて職務分掌を図ったほうが望ましいですが，現実には支店や営業所は人員的に難しい

【図表1－4　小口現金出納帳】

受入金額	日付 2023年		摘要	支払金額	支払内訳				
					交通費	通信費	消耗品費	新聞図書費	雑費
30,000	3	1	受入						
		1	書籍代	3,300				3,300	
		1	タクシー代	1,500	1,500				
		1	郵便切手	300		300			
		1	掃除道具	600			600		
			支出合計	5,700	1,500	300	600	3,300	0
			翌日繰越	24,300					
		2	電車代	680	680				
		2	お茶	200					200
		2	ボールペン	300			300		
			支出合計	1,180					
			翌日繰越	23,120					
			⋮						
		31	バス代	210	210				
		31	封筒	150		150			
			支出合計	360	210	150	0	0	0
17,640			補充						
			翌日繰越	30,000					

（出所）著者作成

場合が多いので，保有限度額をできるだけ小さくするとともに補充時のエビデンスとの照合や現金残高管理を徹底することで補完するのが一般的です。

☕ コーヒーブレイク ～職務分掌～

　職務分掌とは，会社においてそれぞれの役職の責任と権限を明確にするために，職務ごとの役割を定めることです。たとえば「部長は100万円以下の備品等の購入を承認する権限と責任を有する（100万円を超える場合は本部長）」など役職による業務範囲や責任を明確にすることで，業務を円滑に運営することが可能になります。

　職務分掌が曖昧で単独で業務を完結できることは「牽制」がないことを意味し，誰にも知られることなく不正を行うことが容易となるため，支払など不正のリスクが高い業務については複数人が関与しないと完結できないように職務分掌を定める必要があります。

　なお，「業務分掌」，「職務分掌」，「職務分離」といった似た概念があり，

> 「業務分掌」＝「部単位の権限・責任」
> 「職務分掌」＝「職制（部長，課長等）の権限・責任」
> 「職務分離」＝「単独で業務を完結させないこと」（職務分掌に内包）

という使われ方が一般的ですが公式の定義はないため，同じような意味として使われることも多いです。

4 現金残高管理

（1）現金実査

　現金は毎日その実際の在り高を帳簿残高と照合して，実在性を確認する必要があります。これを「現金実査」といいます。

　日次で実査を行わないと会計処理の誤りが見つけられないリスクや，横領により現金が不足していることを適時に発見できず犯人を特定できないため横領リスクが高まります。

──☞ Appendix　2．現金等実査実施要領　参照

　なお，切手・収入印紙などの換金性の高い資産は現金に次いで横領のリスクが高い資産になり，換金性資産の実査のタイミングが現金と異なると一時的に

現金に換えることで現金在り高をごまかすことが可能になるため，同時に実査することが重要です。

――☞ Appendix　3．切手・収入印紙等管理要領　参照

（2）業務フローチャート（現金残高管理）

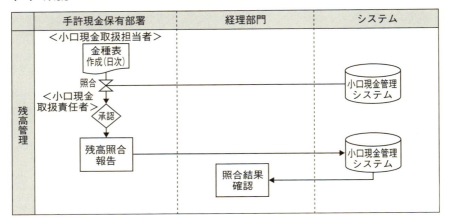

小口現金出納帳残高と日次実査結果の照合を行い，本社に報告します。

具体的な業務処理記述をフローチャートと比較しつつ確認していきましょう。

【残高管理】

　小口現金取扱担当者は，日々の業務の最後に実際に現金を数え，小口現金管理システムの現金出納帳と照合を行います。その際，金種表（図表1－5）を作成して貨幣の種類と数量を記載し，手許現金残高を集計します。

　実際の現金の在り高と帳簿残高が一致しない場合は，手許現金を数え直したり，現金出納帳の内容と証憑を再度チェックして記載に誤りがないかを確認します。それでも差異内容が判明しないときは「現金過不足」勘定を用いて，実際の現金在り高と現金出納帳残高を一致させます。

　照合結果については，小口現金取扱責任者に報告され承認されたのちに，小口現金管理システムを通じて残高照合報告が行われます。経理部門はその照合結果を確認します。

なお，現金過不足が生じている場合には必要に応じて再調査するとともに再発防止のための対応を検討しますが，最終的に原因が不明だった場合は雑収入または雑損失として処理します。

残高管理を普段から小口現金の出納を行っている小口現金取扱担当者と責任者だけが行っていると，両者が共謀した場合等に不正を発見できないリスクがあります。普段は小口現金にアクセスしない者（つまり小口現金取扱担当者と責任者以外）により年に数回でも抜き打ちで金種表作成から帳簿残高への照合まで（実査）を行うと，さらに牽制が働き横領等の防止に有効ですので必要に応じて実施を検討しましょう。

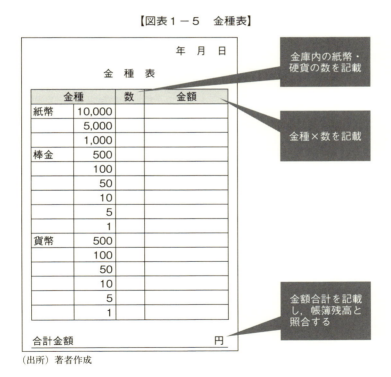

【図表1－5　金種表】

（出所）著者作成

5 預金残高管理

(1) 預金残高照合

　預金について外部証憑と会計残高との照合を行わないと，入出金の担当者や管理者による預金の横領が発見されないリスクが高まります。

　また，悪意のある担当者が預金照合作業を適切に実施せず，残高証明書やシステム帳票を改ざんしてから検証者に回付し，差異を隠蔽するリスクがあります。

(2) 業務フローチャート（預金残高管理）

<月末>

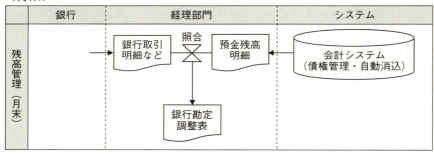

<年度末>

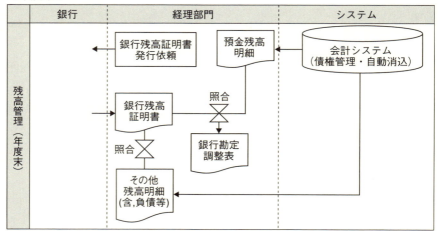

帳簿上の銀行預金残高と銀行取引明細（ないし残高確認状）の照合を行います。具体的な業務処理記述をフローチャートと比較しつつ確認していきましょう。

【残高管理（月末）】

毎月末，経理部門は銀行から送付された銀行取引明細等と会計システムから出力された預金残高明細を照合します。照合は原則として銀行勘定調整表を用いて行い，照合差異がある場合は銀行勘定調整表（図表1－6）に差異原因を記載して報告します。

【残高管理（年度末）】

年度末ないし四半期末については，より証拠力の強い銀行残高証明書との照合を行います。経理部門は預金残高明細に基づいて取引のあるすべての銀行に対して銀行残高証明書の発行依頼を行います（IB，Web，郵送ないし窓口にて）。銀行は一定の手数料を取って銀行残高証明書を発行し，経理部門に郵送します。経理部門では銀行残高証明書と預金残高明細を照合するとともに，会社が認識している銀行借入金やデリバティブ取引等と銀行残高証明書の記載が合致しているかも合わせて確認します。照合は月次管理と同様に銀行勘定調整表を用いて行い，照合差異がある場合は差異原因を記載して報告します。

理想を言えば月次で銀行残高証明書を取り寄せて照合するのがよいともいえますが，銀行残高証明書の取り寄せの手間や手数料がかかることを考えると，最低年度末だけ実施するという判断もありえます。監査法人による監査を受けている会社の場合は，監査法人が「確認」という監査手続に基づいて銀行残高証明書を必ず入手するので，その写しを監査法人から共有してもらうことで自社独自での銀行残高証明書の入手を省略することも可能です。

なお，銀行勘定調整表は作成するのが原則ですが，最近は小切手や手形を使わない会社も多く夜間金庫預入を実施しない会社も多いので，現実には照合差異がほとんど生じない会社もあります。そのような会社は差異が生じたときのみ銀行勘定調整表を作成するか，差異原因を預金残高明細に直接記載する「ルール」を規定することで銀行勘定調整表を使用しないことも許容されます。

【図表1-6　銀行勘定調整表】

銀行勘定調整表　　　　　　　　　　　　202X年3月31日

管理部長	所属部長	担当

■預金1
（単位：円）

I 銀行残高証明書金額		II 加算	0	III 減算	0

日付	原因	金額	日付	原因	金額

IV　当座預金勘定残高（IV＝I＋II－III）

■預金2

I 銀行残高証明書金額		II 加算	0	III 減算	0

日付	原因	金額	日付	原因	金額

IV　当座預金勘定残高（IV＝I＋II－III）

（出所）著者作成

コーヒーブレイク　～偽造された銀行残高証明を信じた監査役の責任～

　経理担当者が会社の当座預金から不正に自己の名義の預金口座に送金して2億円以上を横領した事件がありました。監査役が当該経理担当者の偽造した銀行残高証明書（コピー）を本物と信じて会計帳簿との照合を行った結果，計算書類等について適正に表示している旨の意見表明をしたことについて，東京高等裁判所は「計算書類等に表示された情報が会計帳簿の内容に合致していることを確認しており，任務を怠ったとはいえない」としましたが，令和3年の最高裁判所では「監査役に責任がないとは言えない」と差戻し判決を出しています。

　監査を行う者は偽造の証憑であったとしても責任を免れるわけではない，という身が引き締まるような判決です。原則として原本を確認すべきで，仮に原本が確認できない場合でもインターネットバンキングの画面でチェックするなどの代替的手続を実施すべきです。監査役は本当は大変な責任を負っています。

第 **2** 章

小切手管理

```
1 小切手の振出
   （1）小切手を使用するリスク
   （2）業務フローチャート
2 小切手の受取
   （1）受取小切手のリスク
   （2）業務フローチャート
```

　小切手とは現金の代わりに利用できる有価証券です。日本では主に会社において支払が高額になるような取引で多額の現金を持ち運ぶことを避けるために小切手を発行し，相手先への支払に利用します。銀行で発行された専用の用紙に金額やその他必要事項を記載して銀行印を押捺すると小切手が有効となり，その小切手を銀行に持ち込むと振り出した会社の当座預金から現金等の支払を受けることができます。

　経済産業省は2021年2月，2026年をめどに約束手形（受取手形，支払手形）については利用廃止，小切手は電子化を求める方針を明らかにしており，すでにインターネットバンキングや電子記録債権へのシフト等で手形交換高は大きく減少しています。このように日本では約束手形・小切手は廃止・縮小される見込みですが，米国など小切手が当面の間は使われると考えられる国もありますので，本章では小切手について簡単に触れておきます。

　小切手・手形は適切な内部統制が設定されていない場合，ほぼ現金と同じ横領のリスクを有しますので，厳格な管理が必要です。

1 小切手の振出

（1）小切手を使用するリスク

　小切手はそれ自体で換金性が高く，物理的にも１枚で高額を持ち運べ，小切手の交換所のタイムラグという欠点もあるため，小切手の作成者，あるいは銀行印の捺印者による小切手を使った横領のリスクがあります。

　そのため，小切手（および支払手形）は原則として使用しないのが一番です。小切手を使用する場合であっても，そのリスクゆえに管理が非常に大変なのでその必要性を十分に検討して使用しましょう。

【図表２－１　小切手】

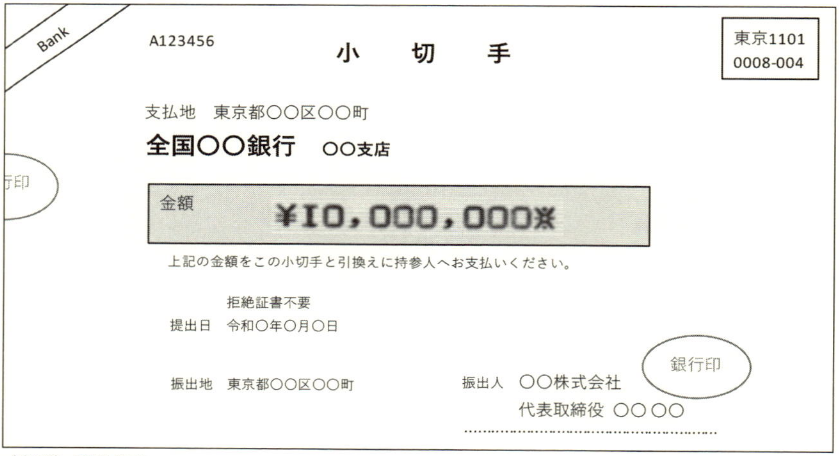

（出所）著者作成

（2）業務フローチャート（小切手の振出）

	取引先	支払依頼部門	経理部門	システム
支払依頼	請求書／契約書	作成／支払依頼書／承認	＜会計担当＞ 支払証憑／支払依頼書／支払依頼書検証・システム入力	会計システム（経費等／支払管理）
小切手作成・振出	小切手／領収書	小切手／領収書	＜財務担当＞ 支払証憑／支払依頼書 照合 支払管理表／小切手作成／＜財務経理部長＞承認／押印／領収書（支払証憑と合わせ保管）	

　小切手による支払は，まず支払依頼書に基づく振出依頼に対し証憑書類に基づいた精査を行います。承認と検証の後に小切手が作成され，振り出すことで支払を行います。

　具体的な業務処理記述をフローチャートと比較しつつ確認していきましょう。

【支払依頼】

　取引先からの請求書ないし契約書に基づいて支払が必要な場合，担当者が支払依頼書を作成し上長が承認します。

　承認された支払依頼書はエビデンス（請求書等の支払証憑）とともに経理部門に回付され，会計担当者により検証されたのち，まだ債務が計上されていない場合は債務計上が行われます（このときに支払先情報と支払予定日の入力等も行われます）。

【小切手作成・振出】

支払依頼書はエビデンスとともに財務担当者に回付されます。

財務担当者は会計システムから出力された支払管理表に基づいて，支払期日が近づいてきた債務について支払依頼書と照合します。

財務担当者は2本の平行線（図表2-1の左上にある「Bank」の線）が引かれた小切手（横線小切手）にチェックライター等の偽造しにくい方法で金額の記入を行い，財務経理部長が内容を再確認したうえで承認し銀行印を押捺します（同一人が小切手の作成と銀行印の押捺の両方ができないよう職務分掌が重要）。

小切手は支払依頼部門経由で取引先に振り出され，取引先から入手した領収書は経理部門にて保管されます。

(借) 買掛金（負債）	×××	(貸) 当座預金（資産）	×××

なお，小切手振出により経理部門は当座預金を減額させる仕訳を行いますが，銀行の当座預金が実際に減額されるのは当該小切手が銀行に持ち込まれた後になるので，会社の処理と銀行の処理にはタイムラグが生じることになります（預金の外部証憑と会計残高との照合差異が生じる代表例の1つです）。

2 小切手の受取

(1) 受取小切手のリスク

小切手や受取手形は換金性が高く物理的にも1枚で高額を持ち出すことが可能であるため，小切手や受取手形を営業担当が直接受け取る運用を認めると，横領，盗難のリスクが高まります。

(2) 業務フローチャート（小切手の受取）

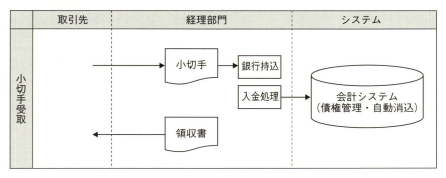

　取引先から小切手により支払を受けた場合は，領収書を振り出すとともに銀行持込・入金処理を行います。
　具体的な業務処理記述をフローチャートと比較しつつ確認していきましょう。

【小切手受取】
　経理部門は小切手と引き換えに領収書を取引先に引き渡します。
　なお，小切手を受け取る際には小切手要件（①小切手であることを示す文字，②小切手金額，③支払委託文句，④支払地，⑤支払人の名称（金融機関名），⑥振出日，⑦振出地，⑧振出人の署名等）を確認し，有効な小切手であることを確かめます。
　小切手は速やかに銀行に持ち込むとともに，債権との個別消込・当座預金計上を行います。

| (借) 当座預金（資産） | ××× | (貸) 売掛金（資産） | ××× |

第 **3** 章

販売・売上債権管理

---

1 売上業務
（1）与信管理と反社チェック
（2）業務フローチャート（与信管理）
（3）業務フローチャート（反社チェック）
（4）販売プロセス
（5）業務フローチャート（国内販売プロセス）
（6）業務フローチャート（輸出販売プロセス）
（7）輸出取引における代金の回収方法
（8）貿易取引における費用負担・危険負担の定義
（9）業務フローチャート（建設業売上プロセス）
（10）余った建築資材や再利用される仮設材の取扱い
2 滞留債権管理
（1）滞留債権と管理の必要性
（2）業務フローチャート
（3）契約解除条項と期限の利益喪失条項
3 債権残高管理業務
（1）残高確認の必要性
（2）業務フローチャート
（3）確認状の偽造の実際の手口
（4）電子メールを利用した自主残高確認

　売上債権に関するリスクは大きく①計上した売上債権が回収できないリスク（取引先），②そもそもの売上の計上が架空であるリスク（営業部），そして③売上に関連した粉飾・横領のリスク（営業部）があります。

　①は外部要因ですが営業部が適切な売先と契約することや取引先の情報収集にかかっており，②と③は営業部による粉飾や横領という不正な動機に基づくものであることから，このプロセスに設定されるルールや業務フローチャートでは営業部の取引先管理および営業部への牽制に関するものが重要になります。

――☞ 第16章　2．（9）販売管理規程　参照

1 売上業務

（1）与信管理と反社チェック（取引開始前にやるべきこと）

　与信管理とは，取引先の信用力（代金を支払える能力）を評価し，与えた信用に応じて各取引先といくらまで取引を行ってよいか（債権を保有してよいか）の金額や条件を設定することをいいます。この限度設定は新規の取引開始時はもちろんですが，一定期間（通常1年間）ごとに毎期限度設定額を再審査します。

　与信管理が不適切だと，信用状況に不安のある先の債権が貸し倒れて，思わぬ損害を被るリスクがあります。与信不安先には競合が少ない（皆売りたがらない）ため，期末に向けて予算未達のおそれがある場合に，簡単に売れる与信不安先への売上を増やすことで数字を作ろうとする動機が存在します。

——☞ 第16章　2．（11）与信管理規程　参照

　反社チェックとは，取引先等が「反社会的勢力」に該当しないか，「反社会的勢力」との関係を有していないかを取引等の開始前に確認することをいいます。反社会的勢力とは，「暴力，威力と詐欺的手法を駆使して経済的利益を追求する集団又は個人」を指し，属性としていわゆる暴力団，暴力団関係企業，総会屋等の集団に該当するか，行為として暴力的な要求行為や法的な責任を超えた不当な要求といった行為を行っているかを総合的に考慮して，該当するか判断します。

　反社会的勢力との取引は，そのような相手とビジネスを行っていること自体で報道・口コミ等による社会的評価が低下するリスク（レピュテーションリスク），反社会的勢力排除条項による他の取引先との取引停止のリスク，金融機関からの融資停止のリスクがあります。

——☞ Appendix　4．反社会的勢力調査マニュアル　参照

　取引を開始するにあたっては，この2つの審査を経て「取引するに（信頼するに）値する相手かどうか」をよく見定める必要があります。

(2) 業務フローチャート（与信管理）

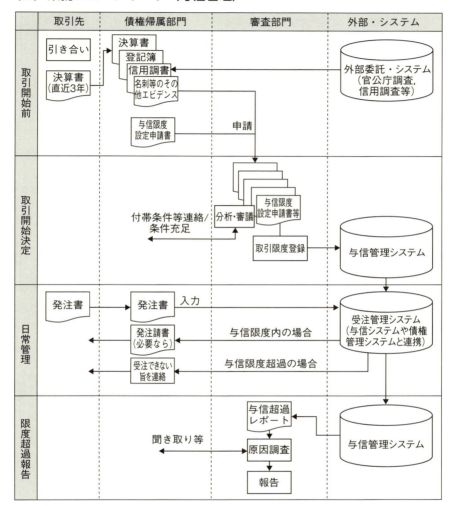

【取引開始前】
　営業部等の債権帰属部門は新規取引先から引き合い（○○を売ってほしいなどの問い合わせ）等があった場合は，前払いを受けて商品等を提供する（債権が生じない）場合を除き，実際に取引する前に発生が予想される債権残高を超

える与信残高を当該取引先に設定します。審査部門に与信限度設定を申請するにあたっては「与信限度設定申請書」（図表3－1）に添付する情報を入手し（決算書，登記簿，信用調書，その他），審査部門に与信限度設定申請を行います。

　なお，信用調書を提供している代表的な信用調査会社には「帝国データバンク」「東京商工リサーチ」などがあり，この2社で日本シェアの約90％を占めますが，調査費用は1件2万円程度かかるので，信用調書は取引規模に応じて取得すればよいでしょう。

【取引開始決定】

　審査部門（リスクマネジメント部など）は各種分析と審議によって与信限度額を設定し，必要に応じて付帯条件（担保や保証等を取得するなど）を付けます。

　「定量分析」としては入手した決算書（通常は過去3年分）をベースに分析を行います。ROE，ROA，自己資本比率，流動比率，固定比率，在庫回転率，売上債権回転期間など多くの指標がありますが，業種や経済環境などの要因もあり，一律には良い・悪いと決められない部分があります。

　また，「定性分析」として経営者の資質や株主，技術力，販売体制，過去の取引実績等なども参考にするため，現実には与信設定額に正解はありません。

　これらに加え，外部から入手した「信用調書」も重要な判断根拠となります。

　統一的な基準で一律に与信限度額を設定する会社もありますし，明らかに倒産リスクが高い取引先ではなく貸し倒れたときに自社が倒産するほどの申請金額でない場合には，営業部が申請した与信限度額の大半を認める会社もあります。どちらにしても，分析・審議ののちに承認された与信限度額が与信管理システムに入力されます。

第3章 販売・売上債権管理　35

【図表3－1　与信限度設定申請書】

与信限度設定申請書（1．新規　2．増額　3．減額　4．廃止　5．移管）

社長	管理部長	所属部長		申請日		
				申請者	所属	
					氏名	
					社員No.	

限度の種類	1.売限度	2.前渡限度	3.委託限度	4.寄託限度	5.融資限度	6.保証限度
	7.賃貸（リース）限度		8.預託限度	9.商品売/買越限度		10.その他
与信先商号						
与信先住所/電話番号						
代表者名						
設立年月日						
資本金/純資産						

業績	売上高	経常利益	税前利益	税後利益	備考
直近年度N					
N-1					
N-2					

従業員数		主要株主	
TDB信用情報			
取引開始経緯			
取引見通し			
支払条件			
申請限度	今回限度		
	（現行限度　　　　　　　　　　取引先No.　　　　　　　　　）		
申請限度期限			

管理部長意見

所属部長意見

与信限度決裁基準

20万円以下	与信限度設定不要。ただし所属部長は管理部長に報告
20万円超50万円以下	所属部長専決（本決裁以上は全て本申請書を利用のこと）
50万円超1,000万円以下	管理部長の意見を聴取のうえ，所属部長決裁
1,000万円超	所属部長及び管理部長決裁のうえで社長決裁
5,000万円超	社長決裁のうえで取締役会決議

※50万円超の申請書には与信先の直近の信用調書，財務諸表（BS・PL）を添付のこと。

管理部使用欄

申請番号		システム処理

（出所）著者作成

【日常管理】

　与信管理システムや債権管理システムからインターフェース（連携）された情報に基づき，受注管理システムで受注金額が与信限度の範囲内に収まっているかを管理します。

　営業部等が受領した発注書に基づいて受注管理システムに入力したときに，債権回収スケジュール等も加味したうえで与信限度内の受注であるかを判定し，限度内である場合はシステム上で受注を受け付けます。一方，与信限度超過の場合は受注管理システムには入力ができないようにシステム上の規制が入ります。

　与信限度額の一定割合（たとえば90%）を超えた受注入力がされる場合は，まもなく与信限度額を超過する旨のアラートが出ます。

　与信限度超過となる発注があった場合，営業部は取引先に当該受注ができない旨を連絡して断るか，与信限度額の増額の申請を行うことになります。

【限度超過報告】

　与信管理システムで管理をしていても与信限度超過が生じる場合があります。

　その場合は，与信管理システムから出力された与信超過レポートに基づいて，限度超過原因を調査し，部長等に報告します（図表3－2）。

　なお，限度超過は受注含めたシステム管理を実施せず債権額だけで限度管理している場合で担当者が受注額まで管理しきれていない場合や，受注システムで限度超過管理をしていても債権が予定どおりに回収されず，結果として積み上がってしまった債権額が与信限度額を超過する場合などに生じます。

　このほか，営業部はそもそも与信限度額未設定ないし与信限度の期限が切れているなどにより，限度超過状態になる場合もあります。

　いずれにしても与信限度管理の第一義的な責任は営業部等にあり，与信限度超過はその営業部の評価を下げることにつながります。

第3章　販売・売上債権管理　　37

【図表3－2　与信限度超過報告書】

与信限度超過報告書

社長	管理部長	所属部長

申請日		
申請者	所属	
	氏名	
	社員No.	

限度の種類	1.売限度	2.前渡限度	3.委託限度	4.寄託限度	5.融資限度	6.保証限度
	7.賃貸（リース）限度		8.預託限度	9.商品売/買越限度		10.その他

与信先商号		勘定科目	金額	勘定科目	金額
取引先コード					
与信限度額					
実行額					
与信超過額					

与信限度超過理由

（出所）著者作成

（3）業務フローチャート（反社チェック）

	取引先	取引実施部門	審査部門	外部・システム
取引開始前	引き合い	登記簿 / 反社チェック申請書 →申請		外部委託・システム（登記情報提供サービス等）
簡易審査	＜結果回答＞ 取引OK		登記簿 / 反社チェック申請書 ← 懸念なし ◇ 懸念あり	新聞記事検索サービス or Google等検索サイト
詳細審査	＜結果回答＞ 懸念なし→取引OK 懸念あり→取引NG		「暴力団追放運動推進センター」「帝国データバンク」「SNS」などの照会・検索 / 「転送不要扱いとした簡易書留」「訪問」などによる実在性確認	

【取引開始前】

　営業部等の取引実施部門は新規取引先から引き合い等があった場合は，当該取引先が反社と関連がないかを確認する必要があります。

　審査部門に反社チェック申請をする際には「反社チェック申請書」（図表3－3）に添付する情報を入手し（登記簿など），審査部門に申請を行います。

【簡易審査】

　審査部門は受領した反社チェック申請書と登記簿などに基づいて，当該取引先，その役員等に反社勢力との関連がある疑いがないか，新聞記事検索サービスやGoogle，Dow Jones等の検索サイトで検索します。

　検索した結果，懸念のある情報がヒットしなかった場合は問題ないものとして取引開始を承認します。

第3章 販売・売上債権管理　39

【図表3-3　反社チェック申請書】

反社チェック申請書

		年	月	日
申請日				
申請者	所属			
	氏名			
	社員No.			

1．調査対象情報

調査対象名称	
代表者名（法人の場合）	
所在地（法人は本店所在地）	
法人番号（個人等はN/A）	
取引状況（新規 or 既存）	

2．事前チェック項目（営業部入力事項）

Noなら✓	チェック内容
	暴力団排除条項の締結について拒否ないし難色を示したか
	会社の実在性に疑わしい点はあるか
	事務所や人物に反社の兆候が感じられるか（暴力・暴言）
	反社や政財界の大物・フィクサー，芸能人等のつながりをアピールされたか
	反社とのつながりの風評を耳にしたか
	規模等が過去実績から見て過大となっているか
	不必要に急がせ適切な説明をしない，通常あり得ない好条件を提示する，現金決済を望む等の不審な点はないか
	主たる業務があいまいで主な収入源が明確でない，あるいは安易な転業をしていないか
	子会社・関連会社が多すぎないか
	オフィスが通常考えられない繁華街に存在しないか
	従業員が極端に礼儀正しくないか（幹部の横に直立不動など），服装が派手，肩書が大げさだったりしないか
	メールアドレスがGmailなどフリーのアドレスだったり，電話番号が携帯電話だけではないか

3．相手事業所への訪問結果（営業部入力事項）
訪問日：
訪問していない場合はその理由：

4．契約書に暴力団排除条項を盛り込んでいるか（営業部入力事項）　□

5．チェック結果（反社チェック担当）

登記簿の有無	懸念記事の有無	記事件数	その他

調査内容説明

調査結果

受付欄	
受付番号	
受付日	

（出所）著者作成

【詳細審査】

　他方，懸念のある情報がヒットした場合で明らかに問題があるわけではない場合は，暴力追放運動推進センターや帝国データバンク，SNSなどの照会・検索を通じて詳細な情報を入手するとともに，必要に応じて簡易書留や訪問を通じて，その取引先が実在するかを確かめます。

　その結果，依然として懸念が残る場合は取引を行うことを認めませんが，詳細審査の結果として問題ないようであれば，取引を承認します。

　なお，反社チェックは取引先だけでなく，持株数上位の株主，新任の役員および新規採用の従業員に対しても実施することがあります。

　自社は公務員等への贈賄行為をしていなくても，業務委託先や代理店等が公務員等に贈賄行為をしていた場合，業務委託先等を通じて資金提供をしていると認定されて贈収賄関連の法令で処罰されることがあります。業務委託先等が本当に信頼に足る相手先であることを確かめるためには反社チェックを行うことはもちろん，特に腐敗認識指数（Corruption Perceptions Index，CPI）が低い国でのビジネスでは，より厳格に業務委託先等の信頼性を確認する必要があります。

（4）販売プロセス

　販売プロセスは，一般に会社が持つモノ（商品・サービス）を得意先に対して提供し，その見返りに対価（代金）を得る一連の流れです。

＜売上計上（収益認識）＞

　販売プロセスを経て「売上」が計上されることになりますが，売上という収益の認識は以下の5つのステップを経て行われます。

【図表3-4　収益認識の5ステップ】

STEP 1	STEP 2	STEP 3	STEP 4	STEP 5
顧客との契約を識別（認識単位の細分化①）	契約における履行義務を識別（認識単位の細分化②）	取引価格を算定（価格算定①）	取引価格を履行義務に配分（価格算定②）	収益を認識（認識タイミング）

（出所）著者作成

第3章 販売・売上債権管理　41

　最終的に「履行義務を充足したタイミング」（STEP5）で売上が計上され
ますが，シンプルなケースでは上記のステップを意識することなく「商品・
サービスを提供した時点」で販売価格をそのまま計上すると考えてよいです。
　ただし，ポイント付き販売，リベートを伴う販売，長期の工事等を伴う契約，
ソフトウェア開発と保守サービスなど複数の履行義務が含まれる契約などは，
進捗度合い等に応じて一定期間にわたって少しずつ計上したり，履行義務ごと
に契約金額を分けてそれぞれ別々に計上したりします。

　以下，2年間のアフターサービスが付いているパソコン（220千円）を販売
した家電量販店（以下，店）での取引を例に各STEPを考えてみましょう。
　なお，店は3月決算であり販売はX1年4月1日，バラバラに販売するとパ
ソコンは216千円，アフターサービスは34千円の商品・サービスだとします。

STEP1：顧客との契約を識別
　ここでいう契約は「書面」「口頭」「取引慣行」等で成立するので，店では取
引慣行としてパソコンをレジにて従業員に渡した時点で契約が識別されます。
STEP2：契約における履行義務を識別
　店は契約成立により「対価の支払いを受ける権利」とともに「パソコンを引
き渡す義務」と「アフターサービスを提供する義務」を負います。
STEP3：取引価格を算定
　「2年間のアフターサービスが付いているパソコン」の店頭価格220千円です。
STEP4：取引価格を履行義務に配分
　取引価格を履行義務の独立販売価格の比率に基づいて配分します。

	契約対価	独立販売価格	取引価格の配分
パソコン	220千円	216千円	190千円（220/250×216）
アフターサービス		34千円	30千円（220/250×34）
合計	220千円	250千円	220千円

STEP5：収益を認識
　パソコンを店頭で引き渡した時点で「パソコンを引き渡す義務」が履行され

X1年4月1日に売上190千円が計上されます。アフターサービスは履行された期間に応じて期末であるX2年3月31日には1年分の売上15千円（30千円÷2年×1年）が計上されます。

| （借）現金（資産） | 220千円 | （貸）売上（収益） | 190千円 |
| | | 履行義務（負債） | 30千円 |

| （借）履行義務（負債） | 15千円 | （貸）売上（収益） | 15千円 |

＜代金回収方法＞

　また，販売代金の回収には「現金取引」，「前受取引」，「売掛取引」，「荷為替手形取引」などがあります。

　「現金取引」は商品・サービスと引き換えに文字どおり現金で代金を回収する商店での販売などがこれにあたります。

　「前受取引」はあらかじめ代金を現金や振込で受け取ったのちに，商品・サービスを提供する販売です。

　「売掛取引」は，取引のつどないし一定期間の取引をまとめて請求書を発行し，請求書に記載の支払期日に代金を回収する販売です。たとえば基本契約書等で月末締め翌々月末払などのようにお互いに取り決めることが一般的で，この場合は毎月末に未回収分の代金が売掛金として資産計上されます。

　「荷為替手形取引」は為替手形に出荷の証憑である船荷証券等の書類を添付して銀行に差し入れ，銀行経由で販売代金を回収する輸出販売で用いる方法です。

(5) 業務フローチャート（国内販売プロセス）

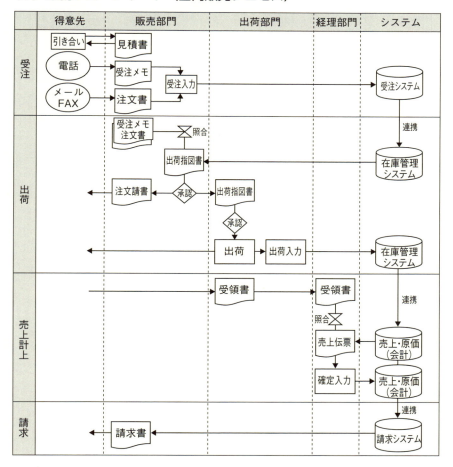

 まずは最もオーソドックスな「受注して商品を倉庫から出荷し納品するビジネス」について紹介します。
 具体的な業務処理記述をフローチャートと比較しつつ確認していきましょう。

【受注】

　得意先からの引き合いに応じて，販売部門で有効期限を付した見積書を作成し部内承認後に得意先に提示します。

　受注は紙の注文書や契約書，メール・FAX等で，電話で，など会社によってその方法が異なりますが，必要なエビデンスを入手・保管するか，最低でも一定の形式でメモを残すようにします。販売部門はこれらのエビデンスに基づいて受注システムに入力します。

　なお，電話等の口頭による受注はその後に正式に発注書を受領することが望ましいですが，実務的に難しいこともありますので，認識の齟齬を回避するとともに係争時の証拠とするために定型の「受注メモ」（図表3－5）を残します。

【図表3－5　受注メモ】

受注メモ

受注日：　　　年　　　月　　　日

得意先名	
電話番号（新規）	
納品住所（新規）	
納期	

No.	商品名（型式・色 含む補足情報）	数量
1		
2		
3		
4		
5		
6		

メモ（短納期, 金額・支払条件交渉等）	担当者

（出所）著者作成

【出荷】

　受注入力に基づいて出力された出荷指図書（倉庫等の現場に出荷を指示する書類，ピッキングリスト）は，上位者によりエビデンスとの照合とレビューが行われ，承認後に出荷部門に送られます。

　このとき同時に得意先に注文請書（確かに注文を受理したとの確認書）も送付されます。

　出荷部門は受領した出荷指図書に基づいて出荷部門内での承認を受けたうえで商品を出荷するとともに，システム上も出荷処理を行います。

【売上計上】

　在庫管理システムから会計システムに出荷情報がインターフェース（連携）され，会計システムから売上伝票が出力されます。

　経理部門は出荷部門経由で入手した受領書等のエビデンスと照合し，問題がなければ会計システム上で確定処理を行い，売上計上を行います。

| （借）売掛金（資産） | ××× | （貸）売上（収益） | ××× |
| | | 仮受消費税（負債） | ××× |

　会計システム上では売上計上と同時に以下の原価計上が行われるのが一般的です（売上原価対立法）。

| （借）売上原価（費用） | ××× | （貸）棚卸資産（資産） | ××× |

　なお，履行義務を充足したタイミングが納品時点であっても，国内販売で出荷から納品までの時間が数日程度の場合は，出荷時点で売上を計上する出荷基準も認められています。

【請求】

　会計システム上で計上された売上に対応する売掛金の情報は，請求管理システムにインターフェースされ請求書が出力されます。販売部門は請求書を得意先に送付します。

（6）業務フローチャート（輸出販売プロセス［L/C取引］）

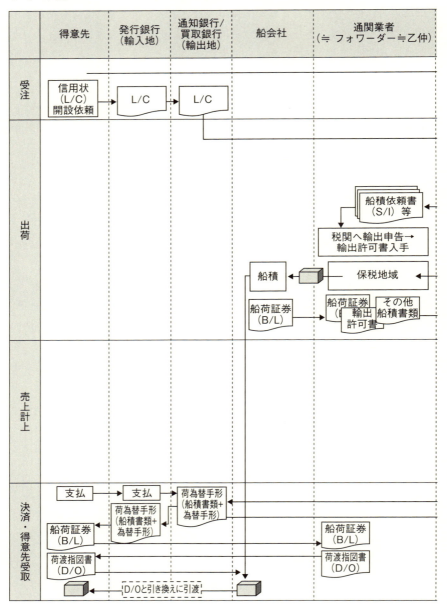

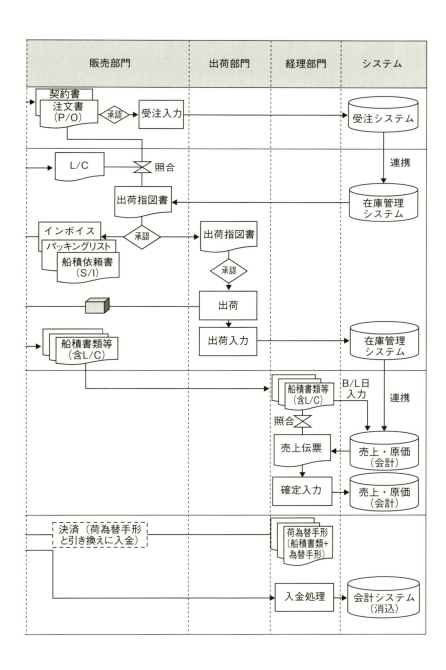

輸出販売であっても基本的な考え方は国内販売と同じですが、海外へ輸送するため取引の開始から完了まで長期にわたることもあり、また通関手続や双方の現地銀行を介した決済、輸送中のリスクに対応するための保険締結など複雑な手続があるため、一般的な国内販売と比較して難易度は上がります。

その複雑さからフローチャートのみだと理解が難しいので、以下にL/C（Letter of Credit, 信用状）取引における契約締結から輸入者が商品を受け取るまでの俯瞰図（図表3－6）を紹介します（L/Cについては「（7）輸出取引における代金の回収方法」を参照してください）。

【図表3－6　L/C取引　俯瞰図】

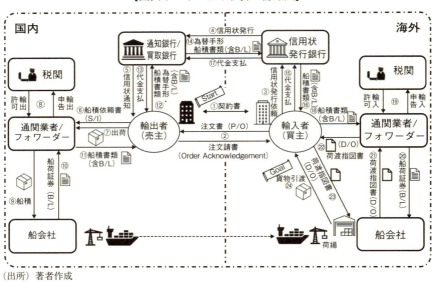

(出所) 著者作成

この図を見たうえで、フローチャートと業務記述などを確認し、またこの俯瞰図に戻ることを繰り返すと、全体像が見えてきます。

【受注】

P/O（Purchase Order, 注文書）で注文を受けます（トラブルを防ぐため合わせて契約書を作成することも多い）。輸出取引は一般に売上金額や付随費用等が大きくなりリスクも大きいため、上位者の承認を受けたうえで受注シス

テムに入力します。

　このとき発注者はP/Oを発行するのと並行してL/Cの発行依頼を発注者の所在国の銀行（発行銀行）に対して行い，発行銀行により発行されたL/Cは輸出者の所在国の銀行（通知銀行）に引き渡されます。

　L/Cは「信用状」という名前のとおり，輸入業者が物品を輸入するときの支払について銀行が保証するものであるため，輸出業者は安心して取引できる一方で，銀行にとっては与信にあたります。そのため銀行による輸入業者に対する審査（信用調査）が必要となり，発行まで若干の日数がかかります。輸入者としてL/Cの発行が必要な取引を行う場合は，審査にかかる時間も加味してスケジュールを組みましょう。

【出荷】

　通知銀行はL/Cの受領通知を輸出会社の販売部門に行います。在庫管理システムから出力される出荷指図書は，販売部門においてP/OおよびL/Cと照合し承認を受けたうえで出荷部門に回付されます。また同時にインボイス（「出荷案内」兼「納品書」兼「請求書」），パッキングリスト（商品リスト，インボイスとほぼ同じ内容）を作成し，S/I（Shipping Instruction，船積依頼書）[※1]に添付して通関業者[※2]に提出し輸出申告等の手続を依頼します。

　通関業者はS/Iに従いL/Cと乖離がないように書類等を準備し，税関より輸出許可書を入手します。出荷指図書を受け取った出荷部門は出荷承認を経て保税地域に商品を出荷するとともに在庫管理システムに出荷入力を行います。

　通関業者は輸出許可書を入手後に保税地域の商品を船会社に引き渡し，船会社から船積みした商品のB/L（Bill of Landing，船荷証券）[※3]の発行を受けます。

　通関業者はB/L，輸出許可書，保険証書（I/P，Insurance Policy）[※4]等の船積書類等を輸出会社の販売部門に引き渡します。

　船積書類等を受け取った販売部門は，L/Cと合わせて経理部門に引き渡します。

　なお，上記のうち特にS/I，インボイス，パッキングリスト，I/P，B/L等の船積書類とL/Cの一致を確認することは，この後の銀行決済のために非常に重要です。

※1　S/Iは輸出者が通関業者・海貨業者に対して通関と船積みの手続を依頼する書類のことです。S/I作成はリスクやフォワーダー等の信用度に応じてフォワーダー等に作成依頼をすることもありますが，他の船積書類の起点となる書類になるため，売主自身で作成することが望ましいです。

※2　「フォワーダー」「乙仲」「通関業者」はその成り立ちが違い，もともとは違う業務を行う業者でしたが，今日では「乙仲」という業者の呼び方は法律的には消滅しており名残として使われているだけですし，フォワーダーが通関業務まで引き受けたり，逆に通関業者が貨物運送業務を引き受けたりするので，大きな違いはありません。

※3　B/Lは船会社が輸出者に対して船積後に発行する書類です（船会社によりフォームが違いますが記載項目は大体同じ）。船会社から輸出者が受け取った際には「貨物の受領証」の意味を持ち，輸出者がL/C決済で銀行に買取依頼するときは「有価証券」，輸入者が受け取ったB/Lを船会社に渡して貨物を引き取る時は「引渡請求証」となります。「有価証券」なので裏書することにより第三者に譲渡することが可能です。また，B/L日で収益を認識している会社にとっては，B/Lが収益認識のエビデンスとなります。
　　なお，B/Lと似たものとしてWaybillがあります。WaybillはB/Lと異なり現物を引き渡す必要がないので（メール等でデータを送ればOK）手間・時間がかかりませんが，有価証券ではなくL/C取引ができないので信用できる相手先との間で使われます。

※4　この例では保険証書を通関業者から受け取っていますが，保険は売主（ないし買主）自身が手配することも可能です。保険事故が起こると，通関業者やフォワーダーが損害賠償の相手先になることがあるので，リスクに応じて自社で付保したほうがよいこともあります。

【売上計上】

　在庫管理システムから会計システムに出荷情報がインターフェース（連携）され，会計システムから売上伝票が出力されます。

　経理部門は出荷部門経由で入手したB/L等のエビデンスと照合し，問題がなければ会計システム上で確定処理を行い，（履行義務の充足をどう捉えるかによりますが，一般的には）B/L日にて売上計上を行います。

| （借）売掛金（資産） | ××× | （貸）売上（収益） | ××× |

※契約上で外貨建取引となっている場合は，売掛金を外貨建で計上します。

　システム上，売上計上と同時に原価計上が行われます（売上原価対立法）。

| （借）売上原価（費用） | ××× | （貸）棚卸資産（資産） | ××× |

【決済・得意先受取】

　経理部は荷為替手形（為替手形を作成し船積書類を添付）を買取銀行に提出し販売代金を回収するとともに，会計システムで入金・個別消込処理を行います。

　なお，船積書類（B/L，インボイス，パッキングリスト，I/P等）がL/Cの内容に完全に合致しないと買取銀行から支払が行われません。

| （借）当座預金（資産） | ×××　（貸）売掛金（資産） | ××× |
| | 為替差損益（損益） | ××× |

※契約上で外貨建取引となっている場合は，決済時に為替差損益が計上されます（為替予約がない，あっても振当処理でない場合）。

　荷為替手形は発行銀行に送付され，輸入者である得意先は発行銀行に代金を支払うのと引き換えにB/Lを入手します。

　得意先はB/Lを通関業者に提出し，引き換えにD/O（Delivery Order, 荷渡指図書）を入手します。このD/Oを船会社に引き渡し商品を受け取ります。

（7）輸出取引における代金の回収方法

　輸出取引の代金の回収には，輸出者と輸入者の間に銀行が入らず直接決済する「外国為替送金」と，銀行が間に入り決済する「荷為替手形」があります。

　「外国為替送金」はいわゆる銀行振込なので簡単かつ手数料が安いというメリットがありますが，前払いだと輸入者が支払ったにもかかわらず適切に納品されないリスクがあり，後払いだと輸出者が船積みを行ったにもかかわらず契約どおりの支払を受けられないリスクがあります。そのため，両者に確かな信頼関係があるか（ex. グループ会社間取引），一方に不利な条件でも取引が成立する力関係がある場合に利用されます。

　「荷為替手形」には①L/C決済，②D/A決済（Documents against Acceptance, 引受時書類渡し），③D/P決済（Documents against Payment, 支払時書類渡し）があります。

①　L/C決済は輸入地の発行銀行が支払を保証する決済方法です。輸入者側の銀行の信用力により支払が保証されているので，輸出者は輸入者の支払の有無にかかわらずL/C・船積書類等と引き換えに銀行から代金を回収できリスクが低いというメリットがあります。輸入者側もL/Cの条件どおりの商品を確実に入手でき受取リスクを回避できるというメリットがあります。ただし銀行に高い手数料を払うデメリットがあります。また，L/Cと船積書類の不一致（ディスクレ）があると銀行買取が拒否されるリスクもあり，輸出者・輸入者ともにL/C決済に関する貿易知識が必要です。

②　D/A決済は，輸入者が手形期日までに支払を行うことを引き受けるの

を条件に船積書類を引き取ることができる決済方法で，輸出者が輸入者の信用リスクを負うことになります。

③ D/P決済は輸入者が荷為替手形の決済（支払）をすれば船積書類を引き受けることができる決済方法で，輸出者はL/Cほど早くは代金の回収はできませんが，輸入者が支払わない限り商品の所有権が相手にわたることはないので代金回収リスクを回避することができます。

②と③ともに，輸出者が貨物を船積みして送ったにもかかわらず，輸入者が「お金がなく支払えない」となるリスクがありますので，金額が小さいか輸入者に対してよほどの信用がない限りは行わないほうが無難です。

（8）貿易取引における費用負担・危険負担の定義

貿易取引においては，費用負担（売手と買手がどこからどこまでの運賃を支払うのか）と危険負担（売手と買手のどちらが貨物保全の責任を持つのか）を明確にした取り決めがあります。これは一定の定めがないと安定した貿易取引が難しくなるためで，この国際的なルールをインコタームズ（Incoterms）といいます。

インコタームズは11種類ありますがすべてを覚える必要はありません。主要な6種類は以下のとおりです（個人的によく扱うのはFOBとCIFですがビジネスによると思います）。

略 称	正式名称	説　　明	危険負担移転タイミング	どっちが有利？
EXW	Ex-Works	「（出荷）工場渡し条件」ともいい，売手の工場等で売手から買手に貨物が引き渡され，輸送費用も工場から送り先まで買手が支払います。貨物を工場等からコンテナ等に積み込めば，それ以降の費用負担，危険負担（貨物の責任）は買手に移りますので，売手にとって最も楽な取引条件となります。	工場渡し後	売手
FOB	Free on Board	「本船（甲板）渡し条件」ともいい，輸出地の国内運送費用は売手が負担し，輸出地で貨物が船積みされた段階で，危険負担が買手に移りそれ以降の運賃も買手が負担する取引条件です。	船積後	
CFR	Cost and Freight	「運賃込み条件」ともいい，輸出地の国内運送費用および海上運賃を売主が負担し，輸入地の港から配送先の運賃を買手が負担する取引条件です。保険については買手が付保します。ただし，危険負担についてはFOBと同じく輸出地で貨物が船積みされた段階で買手に移ります。	船積後	
CIF	Cost, Insurance and Freight	「運賃保険料込み条件」ともいい，輸出地の国内運送費用および海上運賃を売主が負担し，輸入地の港から配送先の運賃を買手が負担する取引条件です。保険については売手が付保します。ただし，危険負担についてはFOBと同じく輸出地で貨物が船積みされた段階で買手に移ります（CFRとは保険の付保者が売主である点のみが異なります）。	船積後	
DAP	Delivery At Place	「仕向地持込渡し条件」ともいい，買主が指定する場所（仕向地）までの運賃を売主が負担し，仕向地で荷下ろしの準備ができた段階で，危険負担が買手に移りそれ以降の運賃も買手が負担する取引条件です。輸入関税・消費税は買主が支払います。	仕向地で荷下ろし準備後（荷下ろしは買主負担）	
DDP	Delivery Duty Paid	「関税込み持込渡し条件」ともいい，買主が指定する場所（仕向地）までの運賃を売主が負担し，仕向地で荷下ろしの準備ができた段階で，危険負担が買手に移りそれ以降の運賃も買手が負担する取引条件です。輸入関税・消費税は売主が支払います（DAPとは輸入関税・消費税の負担者が売主である点のみが異なります）。	仕向地で荷下ろし準備後（荷下ろしは買主負担）	買手

（9）業務フローチャート（建設業売上プロセス）

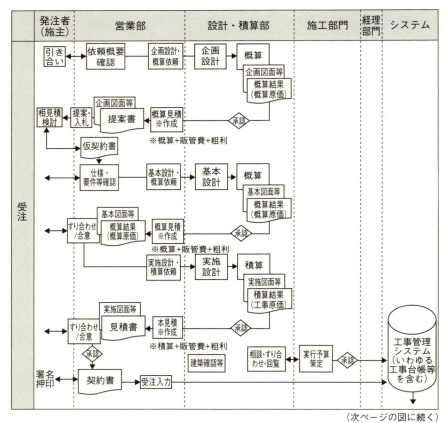

（次ページの図に続く）

第 3 章　販売・売上債権管理　　55

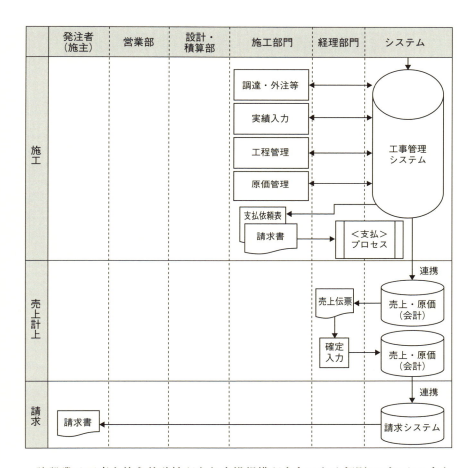

　建設業は工事を伴う特殊性があり市場規模が大きいため個別にプロセスとして紹介しています。一般的な売買と異なる部分が多いのでまずは簡単に特徴を把握しましょう。

①建設業の定義と特徴
　建設業とは、建設工事の完成を「請け負う」業種のことをいい、建設業法によって定められた工事を行います。土木工事と建築工事だけでなく、各種専門工事業（大工、電気工事、塗装、内装etc.）もここでいう工事に含まれます。
　その規模や国などにもよりますが、複雑であるにもかかわらず属人的な管理

が行われる傾向が強いという特徴があります。また，その多くが個別受注生産であり設計・見積りの重要性が高く，その期間・費用が長期かつ多額になるケースがあります。

②設計

設計は大きく「企画設計」，「基本設計」，「実施設計」の段階に分けて行われることが多いです。

「企画設計」はどのような建物を建てるかを法・敷地・地盤・予算・その他要望を踏まえて提案する段階で，プレゼンの要素が強い設計です。

「基本設計」は施主に業者として選んでもらえた後に，平面図・断面図・素材・設備などの仕様を予算に合わせて施主と打ち合わせしつつ決めていきます。

「実施設計」は「基本設計」について施主の合意を取得した後に施工ができる図面に落とし込む段階で，これに基づき見積りを作成し契約を締結します。

③費用の概算・見積り

費用の概算・見積りの概念として「概算」，「積算」，「実行予算」があります。

「概算」工事費は建設業ではプロジェクトの初期段階で提示する大まかな工事費用を指し，算出方法には「坪単価」や「ユニット単価」等が使われます。

「積算」は契約締結のための見積原価なので標準歩掛[1]と労働単価等を使う工事費用の算出方法で，建築物の詳細がある程度決まった時点で行われます。

「実行予算」は現場ごとに組み替えた現場管理のための詳細な見積原価であり，より実態に即した原価となります。具体的には，実行予算は資材・人工の調達可否，労務関連，地域活動，スケジュール，外注先，その他現場の作業環境など多様な要素を盛り込むため精緻な見積原価となり，一般に現場全体を管理する現場代理人[2]により策定されます。

[1]　標準歩掛とは作業ごとの人工（にんく，作業日数のことで1人工≒8時間）のことをいい，一般に国土交通省で定めたものをベースに会社ごとの状況に合わせて調整して設定しています。
[2]　現場代理人とは，工事請負契約書等において配置が求められる者であり，一般に工事現場に常駐し，その運営，取締り（労務管理，工程管理，安全管理，労働者の指導監督，保安，火災予防，風紀衛生維持等）を行うほか，契約に関する事項の大半について請負者の代理人としての権限を行使することができる者を指します（現場監督とは異なり，その上位者となります）。

④勘定科目

　建設業では通常は一般的な勘定科目と異なる科目名を使用します。以降の仕訳については建設業会計の勘定科目を用いて紹介していきます。

　それぞれの科目を一般的な勘定科目で置きかえると以下のとおりとなります。

建設業会計	一般会計
完成工事高	売上高
完成工事原価	売上原価
完成工事未収入金	売掛金
完成工事支出金	仕掛品
工事未払金	買掛金/未払金
未成工事受入金	前受金

　これらの特徴を踏まえたうえで，具体的な業務処理記述をフローチャートと比較しつつ確認していきましょう。

【受注】

①企画設計・仮契約

　発注者からの引き合いに対し，営業部は発注者の要望を聴取したのち，プレゼンのための企画設計・建築コスト概算を，設計・積算部に依頼します。

　設計・積算部は企画設計を行い，企画図面等と建築コストの概算原価を作成し，部内承認後に営業部へ提出します。

　営業部は概算原価に販管費および粗利を加味した概算見積りを作成し，企画図面等と合わせて提案書を用意して発注者にプレゼンを行います。発注者によりプロジェクトを進める業者に選ばれた場合は，通常は発注者の意思確認目的で仮契約を締結します（拘束力が弱い契約）。

②基本設計・基本合意

　その後さらに仕様・要件等を発注者との間で詰めていき，営業部は仕様等を詰めていくための基本設計・建築コストの概算を設計・積算部に依頼します。

　設計・積算部は基本設計を行い，基本図面等と概算原価を作成し，部内承認後に営業部へ提出します。

　営業部は企画段階と同様に概算見積りを作成し，基本図面等とともに発注者

に説明して合意を取得します。

③実施設計・本契約

　基本設計等の合意に基づいて，続いて営業部は施工ができる水準での実施設計と積算を設計・積算部に依頼します。

　設計・積算部は実際に施工に使えるレベルの実施設計を行い，建築コストの積算原価を作成し，部内承認後に営業部へ提出します。

　営業部は本見積りを作成したうえで実施図面等と合わせて発注者に説明します。本見積り等に合意したら発注者と本契約を締結し，工事管理システムに受注入力を行います。

　これら以外にも測量や地盤調査など，建設業では正式な受注・契約に至るまでにかなりの費用・工数がかかり，受注前費用が多額になることがあります。

　失注した場合はこれら受注前費用についてすべて費用処理する必要があります。

④実行予算ほか

　設計・積算部では本契約後に建築確認等の公的な手続を進めます。

　施工部門では本契約後に関係部とすり合わせながら実行予算を策定し，承認後に工事管理システムに正式に反映します。実行予算は工事をスムーズに進めるためのみならず，適切な原価管理・計上，履行義務の充足に係る進捗度に応じて売上計上する場合の計算基礎となるとともに，工事損失引当金の要否のトリガーにもなります。また，適切な承認を受けた実行予算と比較することで不合理な支出に対する一定の牽制が働くため内部統制上も重要です。そのため実行予算は工事の進捗に応じて適時かつ適切に見直しが行われ，修正理由について明確にしたうえで承認される必要があります。

【施工】

①調達・外注等の手配

　施工部門では実行予算に基づいて，材料等の調達先や外注業者に発注します。これらは実行予算のスケジュールに合わせることが重要です。

材料等について納入時期・数量を誤ると，「必要なタイミングで材料等がなく作業が遅延するリスク」や「置き場所がなく現場の作業スペースを阻害するリスク」があります。これは日次管理のみならずトラックの荷下ろし時間も加味した時間単位での管理が必要になる場合もあります。

外注業者については作業工程の順に適切な日程で適切な作業員を手配できないと「前工程の作業が終わっておらず後工程の作業員が手待ち（やることがない状態）となり無駄な工数がかかるリスク」や「工事に必要な技術を有する作業員が必要なタイミングで手配できないことで工事が遅延するリスク」があります。

②実績入力・工程管理

材料等が現場に納入されると，現場代理人は工事管理システム上の注文情報と納品書・現物を照合し，検収後ステータスに変更します（システム管理されていない場合は注文書と納品書・現物の照合による検収と支払部署等への連絡）。通常は検収時点で以下の仕訳が起票されます。

（借）未成工事支出金（資産）	×××	（貸）工事未払金（負債）	×××
仮払消費税（資産）	×××		

材料のみならず自社従業員の労務費，外注工賃や現場経費等も基本的に未成工事支出金に計上します。

なお，外注先の作業員の出退勤についても出勤簿で管理して把握し，人工で請求してくる外注先の請求の妥当性を検証する必要があります。

作業の進捗については，日報を付けるとともに実績入力を行うことで収益認識等の基礎となります。また，これにより全体工程に対する進捗をシステム上で確認でき，現場代理人および本社等の上位者による工程管理に役立ちます。

会計上は実際原価が収益と工事損失引当金の認識・測定の根拠となり，特に原価の他の工事への付け替え・振替には「総工事原価の見直しを行わない原価の過大計上による収益の前倒し認識が行われるリスク」や「プロジェクト採算の改ざんによる工事損失引当金の過少計上のリスク」があります。そのため原価の付け替え・振替については理由を明確にし，承認を受ける申請手続を整備する必要があります。

③原価管理

　原価管理として実際の調達・外注等の状況を実行予算と比較することによって，原価が過大になっていないかを確認し，必要な対策を検討するなど採算管理を行うことが可能となります。また，実行予算に基づいて行われる会計処理の正確性を担保するためおよび不合理な支出（キックバック原資など）を発見するために，必要に応じて各費目の金額の妥当性（相見積りを取っているかのチェック，賃率・工数・建材・単価などの類似工事実績との乖離など）にも注意を払う必要があります。

④支払

　調達・外注等に必要な支払についても工事管理システムで管理している場合は，必要なタイミングで支払依頼表を出力し，請求書等の外部証憑を添付したうえで，支払プロセスに回します。

【売上計上】

　工事契約は一般に「履行義務が一定の期間にわたり充足されるもの」に該当するものが大半なので，履行義務の充足に係る進捗度を合理的に見積もることができる場合，進捗度に基づき売上（と見合いの原価）を計上します（通常は，インプット法，つまり従来の工事進行基準と同様に，現在までに使用された原価の合計と履行義務の充足のために使用される原価の総合計との比率で進捗度を見積もります）。

　履行義務の進捗度は，実行予算における総原価の見積額を分母，当期の工事原価の発生額を分子として算定します。工事請負金額に進捗度を乗じて当期の売上高を測定し計上します。

$$\text{工事請負金額} \quad \times \quad \frac{\text{当期の工事原価の発生額}}{\text{総原価の見積額}} \quad = \quad \text{売上高}$$

　なお，工期がごく短いものは，完全に履行義務を充足した時点で売上を計上することも認められています（従来の工事完成基準）。

　工事管理システムで自動計算された売上は，会計システムにインターフェー

スされ売上伝票が出力されます。経理部門は内容を確認し問題なければ会計システムにて確定処理を行います。

> （借）完成工事未収入金（資産）×××　（貸）完成工事高（収益）　×××

※完成工事未収入金は厳密には，引渡前には「契約資産」，引渡後は「顧客との契約から生じた債権」ですが，そのまま「完成工事未収入金」として開示している会社も多いです。

　他方，売上原価は施工時に現場で実績入力された未成工事支出金に加え，本社等の工事監理部や設計部などの間接コストが未成工事支出金に配賦され，売上見合いの売上原価として完成工事原価が計上されます。

> （借）完成工事原価（費用）　×××　（貸）未成工事支出金（資産）×××

【請求】

　工事管理システムに入力された契約に定められた支払期日に合わせて，請求システムから請求書が出力され，営業部は発注者に請求を行います。

　一般的な商品等の売上の場合，商品の納品時に売掛金を計上し，仕入先は契約等の支払条件に従って後払いすることが多いです。しかし，建設業の場合は，たとえば工事を開始する前に工事着手金として30%，中間払い30%，竣工時に40%というように契約に定められた進捗に応じて発注者から支払を受けるのが一般的です。

　これは，建設など長期工事を伴う場合は1件当たりの金額が大きく，また長期であるほど発注者の代金支払能力が悪化する可能性が高まるためです。また建物等の成果物は流動性が低いどころか発注者以外にとってほとんど価値がない場合が多いため，仮に発注者が代金を払えず建設会社等が保有することになってもそれまでにかかったコストを売却により回収することは困難だからです。

　工事完成前の前受金に相当する入金については，以下の仕訳を計上します。

> （借）普通預金（資産）　　×××　（貸）未成工事受入金（負債）×××

※未成工事受入金は厳密には「契約負債」の科目で開示します。

（10）余った建築資材や再利用される仮設材の取扱い

　建築資材については通常その投入時点で「未成工事支出金」で計上されますが，工事完了後にその残量がある場合は少量なら発注者の希望を聞いて引き取ってもらったり廃棄することが多いです（この場合は特段の会計処理は不要）。多額の建築資材が余った場合は実地棚卸を行い以下の仕訳で「貯蔵品」を計上します（その原因（誤発注，設計ミス等）調査も行います）。

（借）貯蔵品（資産）　×××　（貸）未成工事支出金（資産）　×××

　仮設材とは足場材やフェンスなど現場で使用後に撤去され倉庫等に戻されるが再び別の現場で使用するような資材のことです。仮設材を現場で使用したときは他の費用・材料と同様に「未成工事支出金」に計上することでいったん全額をその現場に負担させます。

（借）未成工事支出金（資産）　×××　（貸）貯蔵品（資産）　　×××

　現場で設置した仮設材は使用しなくなった段階で撤去されますが，その撤去の際には実地棚卸を行い，その評価額相当を未成工事支出金から減額する形で貯蔵品を計上します（通常，損耗等により減価）。

（借）貯蔵品（資産）　　×××　（貸）未成工事支出金（資産）　×××

　価値の残っている分だけをすくい出すので「すくい出し方式」といいます。
　未成工事支出金は売上の計上のタイミングで見合いの費用となるため，これら貯蔵品の処理が漏れると未成工事支出金が過大計上され，結果として費用が過大計上されることがあります。棚卸資産の計上漏れは税務面で指摘されることも多いので注意しましょう。

2 滞留債権管理

(1) 滞留債権と管理の必要性

滞留債権とは債権のうち，支払期日までに回収できていないものをいいます。

最終的に債権が回収できないことを「貸倒」といい，債権（売上）の全額が会社の損失となるため，売上計上で得られる利益（＝売上－原価）の何倍もの損失になります。そのため，滞留債権を生じさせないことや債権をしっかり回収できる備えが大切です。

その意味では「本章第１節　売上業務　（１）与信管理と反社チェック」および本節の「滞留債権管理」が非常に大切なプロセスとなります。

債権を回収する備えとして「前払いにする」「担保・保証をつける」「契約に『契約解除条項』『期限の利益喪失条項』『遅延損害金条項』を入れる」なども考えられますが，これらはしばしば与信管理での付帯条件にもなります。

(2) 業務フローチャート（滞留債権管理）

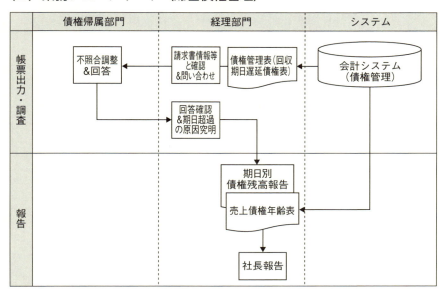

【帳票出力・調査】

経理部門において，債権管理システムから出力される債権管理表（図表3－7）に基づいて回収期日から遅延している債権を確認します。回収期日から遅延している債権がある場合は請求書等のエビデンスと再度確認したうえで，債権帰属部門に期日超過理由を問い合わせます。

債権帰属部門からの回答に基づいて滞留原因の原因究明を行います。

債権滞留が生じるような支払遅延を起こす得意先は一般的に信用力が低い会社が多く，債権について評価損を計上する必要が生じたり，与信限度額を下げたり売上を制限することが必要となる場合があります。営業部にとっては見込んでいた売上があげられないことにつながるので滞留理由をごまかしたい動機があり虚偽の回答をするリスクがあります。また営業部の「力」が強い会社では管理部からの問い合わせに誠実な回答が得られないリスクがあります。

このようなリスクが高いと判断される場合は，調査原因の報告ルートを営業部から経理部門へではなく直接経営層へ報告するように変更するなど，ルールの変更を検討する必要があります。

また，いったん回収があったように見せかけて滞留期間を偽装するケースもありますので，同額の残高が継続して残っている場合は注意しましょう。

【図表3－7　債権管理表】

債権管理表は，取引ごとの債権残高について，回収期日を管理する表です。

相手先コード	相手先名称	内容	計上日	請求日付	計上科目	控除前金額（税込み）	源泉徴収額	受取金額	入金予定日	受取方法
11345	マンデー工業	Flat panel	2023年6月5日	2023年6月4日	商品売上	323,800		323,800	2023年7月31日	振込
11345	マンデー工業	Cylinder lock	2023年6月5日	2023年6月4日	商品売上	432,600		432,600	2023年7月31日	振込
11346	チューズ出版	世田谷ハイツ	2023年6月1日		賃料収入	180,000		180,000	2023年6月25日	引落
11347	ウェンズ技研	Inverter 100V	2023年6月2日	2023年6月1日	商品売上	928,000		928,000	2023年7月31日	振込
11348	サタデ不動産	本社ゲタ店舗	2023年6月1日		賃料収入	484,800	98,996	385,804	2023年6月20日	引落
11349	サンデ商事	Inverter 200V	2023年6月7日	2023年6月6日	商品売上	1,080,000		1,080,000	2023年7月31日	振込

（出所）著者作成

【報告】

経理部門は，期日別債権残高報告書を作成し，売上債権年齢表（図表3－8）等の補足情報と合わせて債権の状況を社長に報告します。

長期滞留債権が発生している場合には，当該債権について債務者の連絡先等の基礎情報，債権期日，契約解除条項・期限の利益喪失条項・遅延損害金条項，担保・保証の有無，時効の成立，必要な法的手続（書面通知等），相殺の可否，相手方とのミスコミュニケーションがないこと，相手方の財政状況等，税務上貸倒損失としての認識要件などを確認しましょう。

債権の状況に応じて必要があれば，個別に貸倒引当金を計上するか，貸倒損失処理を行う旨を合わせて社長に報告し，承認を取得します。

＜貸倒引当金＞

（借）貸倒引当金繰入額（費用）×××　　（貸）貸倒引当金（評価勘定）　×××

貸倒引当金とは，貸倒の可能性に応じて事前に一定額を費用処理しておくために，債権の評価額を下げる引当金（評価性引当金）をいいます。

【図表3－8　売上債権年齢表】

売上債権年齢表は，得意先ごとの債権残高について，売上月や入金期日を基準として月ごとの時間軸で区分して管理する表です。

売上債権年齢表（滞留調査）

										管理部長	所属部長	担当

取引先コード	取引先名	残高合計	当月	1カ月以上2カ月未満	2カ月以上3カ月未満	3カ月以上4カ月未満	4カ月以上5カ月未満	5カ月以上6カ月未満	6カ月以上	滞留理由及び対策
12345	マンデー工業	1,015,252	573,521	285,100	156,631					
12346	チューズ出版	543,440	220,000	150,000	148,500	24,940				値引未修正による差異と判明。来月調整
12347	ウェンズ技研	233,474	11,578	53,851	168,045					
12348	サーズ自動車	93,668	93,668							
12349	フライデ商会	39,287	39,287							
12350	サタデ物流	960,000	320,000	320,000	320,000					
12351	サンデ食品	1,850,225	500,500	500,500	500,500				348,725	クレームにより滞留。来月入金

（出所）著者作成

＜貸倒損失＞

（借）貸倒損失（費用）	×××　（貸）売掛金（資産）　　　×××

　売掛金等の債権は将来に現金等で回収する前提で資産として計上されていますが，債務者が倒産するなどして支払がされず回収ができなくなることを貸倒（かしだおれ）といい，貸倒が確定した金額について債権を取り崩して貸倒損失を計上します。

（3）契約解除条項と期限の利益喪失条項

　相手方の履行の期待が危うくなったときに契約による拘束から離脱するための契約条項として，契約解除条項や期限の利益喪失条項を定めることがあります。

　たとえば，「営業許可取り消し」，「破産手続等の開始」，「税金滞納」，「その他財政状態等の悪化」などに起因して相手の履行がなされないリスクが高いのに，自社の義務を履行しなければならないのは理不尽です。またこのような相手方の債権は日増しに貸し倒れるリスクが高まっていくので，滞留どころか回収期日までも待てません。契約解除条項や期限の利益喪失の条項があれば，一定の条件を満たしたときに契約を解除して履行を拒否したり，期限の利益を喪失させて債権回収を早めたりして，自社の損失を回避することができます。

③　債権残高管理業務

（1）残高確認の必要性

　債権残高管理で特に重要なのは債権管理表と売上債権年齢表を用いた管理です。前節での滞留管理にとってもこれらの帳票は重要ですが，その前提として債権金額について得意先の認識と一致していることが重要です。

　取引先等に対して文書等により残高等の情報について問い合わせ，その回答を評価する「残高確認」を実施すれば，債権残高の実在性・正確性を確かめることができ架空売上や計上誤りを防止するのに有効です。

──☞ Appendix　5．自主残高確認実施要領　参照

第3章　販売・売上債権管理　67

【図表3－9　よくある残高確認の流れ】

当社

得意先

債権

債権100

✉ 残高確認状の発送

貴社ご認識の当社に対する債務額はいくらですか？

当社

得意先

債権

債権100

債務90

返信用封筒等で回答 ✉

当社認識の貴社に対する債務額は90です。

当社

得意先

債権

債権100

対象時点の90＋
翌月認識10
＝債務100

☎ 電話等で問い合わせ

差異原因を教えてください。

貴社明細No.3に対する仕入10が
翌月に認識されているためです。

債権100の実在性・正確性の「確認」完了！

（出所）著者作成

(2) 業務フローチャート（残高確認）

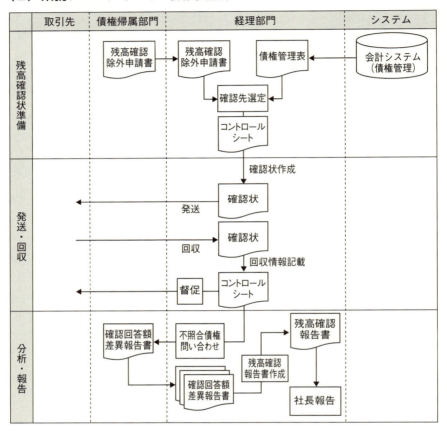

【残高確認状準備】
　経理部門は，会計システムから出力した債権管理表に基づき，実施要領に定められた勘定科目および取引先について確認先を選定し，コントロールシート（確認先一覧表，図表3-10）を作成します。

【図表３－10　コントロールシート】

No.	確認先名	発送日	回収日	確認金額（帳簿残高）	回答金額	差異額	備考	確認先住所
1	マンデー工業	2月10日	3月12日	1,015,252	1,015,252	0		東京都文京区…
2	チューズデー出版	2月10日	3月10日	543,440	543,440	0		埼玉県草加市…
3	ウェンズデー技研	2月10日	3月20日	233,474	211,474	−22,000	月ズレ計上	京都府京都市…
123	サーズデー自動車	2月10日		93,668		−93,668	代替的手続	東京都板橋区…
124	フライデー商会	2月10日	3月3日	39,287	39,287	0		東京都新宿区…
125	サタデー物流	2月10日	2月20日	960,000	960,000	0		大阪府大阪市…

（出所）著者作成

このとき，債権帰属部門として確認状を発送すべきでない取引先（訴訟中など）がある場合は，残高確認除外申請書（図表３－11）を作成し部長承認を取得したうえで経理部門に当該申請書を提出します。

【図表３－11　残高確認　除外申請書】

年　　月　　日

残高確認 除外申請書

社長	経理部長	所属部長
月　日	月　日	月　日

申請番号		
申請日		
申請者	所属	
	氏名	
	社員No.	

部署名：

勘定科目名：

部署コード：

取引先コード	取引先名	帳簿残高	除外理由

（出所）著者作成

【発送・回収】

　経理部門は選定された確認先について確認状（図表3－12）を作成し，返信

【図表3－12　確認状】

〇〇年〇月〇日

〒〇〇〇-〇〇〇〇

_____　御中

残高確認のお願い

拝啓　貴社ますますご清祥のこととお慶び申し上げます。
さて，当社では債権管理の一環として定期的にお取引先様との間で債権の残高確認を実施させていただいております。
ご多忙のところたいへん恐縮ではございますが，下記の残高についてご確認のうえ，同封の返信用封筒にて，〇〇年〇月〇日までにご回答いただきますようお願いいたします。
なお，本確認状は貴社に対する支払いの督促または通知ではありませんので，念のため申し添えいたします。

敬具

（会社名・責任者名，社判等）

残高確認書

（単位：円）

確認元勘定科目	金額	貴社勘定科目	金額
売掛金	××××		

（違算原因）

〇〇年〇月31日現在の残高について以上のとおりであることを確認しました。

〇〇年〇月〇日

（貴社名）

（責任者名）

（出所）著者作成

用封筒と債権明細を同封して取引先に発送します（往復ハガキによることもあります）。

取引先から返送を受け回収された確認状の内容を確かめ，コントロールシートに回収状況を入力します。

回収期日に回収されていない取引先をコントロールシートにより確認し，取引先に電話する等により確認状の返送を依頼（催促）します。

なお，偽造のリスクがあるため，発送・回収は債権帰属部門が行ってはなりません。

【分析・報告】

コントロールシートで当社計上額と回収確認状記載額との間に差異がある不照合債権をピックアップし，差異原因を債権帰属部門に問い合わせます。債権帰属部門は確認回答額差異報告書（図表3-13）を作成し，経理部門に提出します。

【図表3-13　確認回答額差異報告書】

			年　　　月　　　日

残高確認回答額差異報告書

経理部長	所属部長		申請番号	
			申請日	
		申請者	所属	
月　日	月　日		氏名	
			社員No.	

勘定科目名：　　　　　　　　　　　　　　　　　　　　　　　　　部署名：
取引先コード：　　　　　　　　　　　　　　　　　　　　　　　部署コード：
取引先名：

確認依頼額（A）	回答額（B）	差異額（A）-（B）	差異理由・処理状況

（出所）著者作成

なお，取引先から返信がなく回収できなかった債権および除外申請により確認状の発送先から除外した債権については，経理部門は「代替的手続」（売上計上エビデンスの精査，入金されているかのチェック等）を実施し，債権の実在性を確かめるための証拠を補完する必要があります。

　経理部門は，回収コントロール表・確認回答額差異報告書・代替的手続の結果を踏まえて残高確認報告書を作成し，経理部長の承認を経て社長へ結果報告します。

（3）確認状の偽造の実際の手口

　確認状の偽造をさせないために，発送・回収は債権帰属部門にはタッチさせないことが重要なのは前述のとおりで，監査法人による監査手続としての「確認」でも同様に発送・回収はクライアントには行わせないですが，監査法人が発送する確認状ですら偽造されてしまうケースがあります。

①得意先から回収

　確認先に対し「監査法人から届く確認状に記載誤りがあったため回収したい」と連絡し，未開封の確認状封筒を入手し，確認先になりすまして偽造印を捺印，確認先住所近くまで行き投函した事例があります。

②郵便ポストの集配局員から回収

　監査法人の担当会計士を尾行し，担当会計士がポストに投函した後，こっそりそのポストで郵便局の集配局員が来るのを待ち伏せ，集配にきた局員を「内容に誤りがあったので今投函した郵便物を回収させてほしい」と騙し回収した事例があります。

③確認状返答の代行業者

　確認状の返答を代行している業者がいます（私はその業者と直接話したことがあります）。その手口は偽の発送先住所を用意したり，確認先のポストで待ち伏せて配達直後にポストからピックアップするケースもあるそうです。

第3章　販売・売上債権管理　　73

　これらは一例にすぎず確認先との共謀の事例などもあります。「確認」は非常に強力な手続ではありますが，完璧な手続・内部統制は存在しないので，怪しいときは他の証憑をチェックするなど多面的に検証することが大切です。

（4）電子メールを利用した自主残高確認

　新型コロナウイルス感染症拡大のもとでリモートワークが求められる状況に伴い，日本公認会計士協会からも電子メールを利用した確認に関して2021年3月19日付で監査上の留意事項が出されました（監査基準報告書505周知文書第3号「電子メールを利用した確認に係る周知文書」，以下「周知文書」）。

　電子メールを利用した確認は「作業の迅速化，効率化」，「回収期間の短縮，回収率の向上」，「人的ミスの削減」，「紙資源の削減」，「確認状受取・記入・返送といった事務負担の低減」，「リモートワーク環境下においても対応可能」と利点が多く，まだ紙のみで自主残高確認を実施している会社やこれから自主残高確認を取り入れようとしている会社は，ぜひ採用を検討されたらと思います。

　一方で，周知文書によると電子メールでの確認は「なりすましメール」に代表される方法等により「回答が適切な情報源から得られていないリスク」，「確認回答者が回答権限を持っていないリスク」，「情報伝達の完全性が確保されないリスク」や「確認回答者が回答内容を否認するリスク」があるとし，いくつかの補完的な対応を例示しています。具体的には，電話等により確認回答者に直接確かめることを求めたり，CCに上席者等を入れる，回答者の実在性・適切性の確認のための証憑（回答者の名刺等）の入手，ドメインの適切性の検証，電子署名，電子認証，宣誓書の入手等を例示しています。

　ただし，自主残高確認においては通常は監査人が監査目的で行うサンプル数より格段にサンプル数が多くなるため，実行可能性の観点を加味する必要があります。周知文書の補完的な対応はあくまで例示であり，そのいくつかは自主的に行う統制としてはいささかToo muchな部分があるので，完全にこれに従う必要はありません。

　他方，監査法人等が行う監査手続とは異なり，会社が行う自主残高確認の場合は，回答者の実在性・適切性の確認のために入手された情報については個人情報保護の観点での対応（「利用目的の通知，開示，訂正・追加・削除，利用

停止・消去等の請求への対応」,「手続完了後の消去,監査法人への開示の可能性及び本人の同意なく第三者への共有がなされないこと」の通知など）が必要となります。ただし,通常,入手した名刺等は特定の個人情報を検索できるように体系的に管理されることは想定しないため個人情報保護法における「個人情報データベース等」としての管理は不要と整理できますし,法定監査の場合には「法令に基づく場合」として本人同意なく監査法人への個人情報の提供は可能と整理できますので,そこまで過度な負担にはならないと思われます。

　米国では監査法人による監査ですらメールによる「確認」が一般的になっています。PCAOB（Public Company Accounting Oversight Board,米国の監査法人の監督機関）でも2023年9月28日にメール等の電子的な方法による「確認」のルールを公表しており,米国で行われている実務等が日本でも踏襲されていくことがよくありますので,今後ますますメール等の電子的な方法による「確認」が主流となっていくと考えられます。

第 **4** 章

購買・仕入債務管理

1	購買業務
	（1）購買に関する不正リスク
	（2）業務フローチャート
	（3）原価計算プロセス
2	滞留債務管理
	（1）滞留債務のリスクとその管理の前提
	（2）業務フローチャート
3	債務残高管理業務
	（1）債務に対して残高確認が行われない理由
	（2）業務フローチャート

　仕入債務に関するリスクは大きく①不適切な仕入先を選定したことによる不正やレピュテーションなどのリスク，②架空の仕入や値引・リベートによる粉飾リスク，そして③仕入に関連したキックバック・横領のリスクがあります。

──☞ 第16章　2．（10）購買管理規程　参照

1 購買業務

(1) 購買に関する不正リスク

昔から「購買部の責任者になると家が建つ」と言われるほど，癒着等を中心とした不正が目立つプロセスになります。

購買に関する横領等は，コンプライアンス意識の低い取引先との共謀を伴うケースが多く，また架空ないし身内である取引先をマスタ登録して，過度に高額ないし提供されていない役務や物品の支払を行わせるなどにより実行され，偽のエビデンスを用意することで発見が困難なケースが多いです。

(2) 業務フローチャート（購買業務）

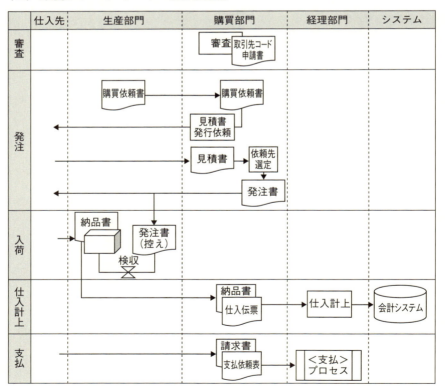

第4章　購買・仕入債務管理　77

　購買業務は，審査により信用できると判断した取引先に発注し，納品を確認
したら仕入計上し，その後に到着した請求書に対し支払を行う一連の業務です。
　具体的な業務処理記述をフローチャートと比較しつつ確認していきましょう。

【審査】

　特に新規取引先の場合は取引先コード申請書（図表4-1）によりコード登
録し，「反社チェック」（「第3章　販売・売上債権管理　第1節　売上業務
（1）（3）」　参照）を行うとともに，定められた選定審査ルールに基づいて，
取引先として適切かどうかを確認します（初期登録・数年後更新審査。取引先
の選定基準としては，供給能力・品質管理能力・価格競争力・配送能力・サ
ポートサービス体制・財務体質等）。

【図表4－1　取引先コード申請書】

取引先コード申請書

管理部長	所属部長		申請日		
			申請者	所属	
				氏名	
				社員No.	

会社名	
住所/電話番号	
代表者名	
金融機関	銀行　　　　　　　　　支店

1．普通	口座番号	
2．当座	SWIFT	

口座名義	
支払条件	
支払方法	振込・引き落とし・その他
位置づけ	顧客・仕入先・経費支払先・銀行・諸税支払・その他

所属部長意見

管理部長意見

- -

管理部使用欄

申請番号		システム処理

（出所）著者作成

【発注】

　生産部門は必要な材料等について購買依頼書を作成し，購買部門に発注を依頼します。

　購買部門は購買依頼書に基づき購入を希望する材料等を販売している企業に見積依頼を行い，何社かに見積りを作成してもらいます。「品質」，「納期」，「価格」などを比較して最適な取引先を選びます。

　購入先決定後に（新規についてはまず基本契約を締結）発注書を作成，購買部門の責任者押印後に仕入先に送付します。

第4章 購買・仕入債務管理　79

　なお，生産部門で常に使用する常備材料のうち重要性が低いもの（ABC分析でBクラス以下相当など）については，一定数量まで減少した時に自動的に発注が行われる仕組みを導入することがあります（定量発注方式）。これは発注の手間（コスト）が抑えられるメリットがありますが，過剰在庫・欠品のリスクが高いというデメリットもあります。

【入荷】

　生産部門に材料等が納品されます。生産部門では発注書控えと納品された材料等の内容・数量を照合するとともに，品質に問題のないことを確認します（検収）。

【仕入計上】

　生産部門は材料等の納品書を購買部門に提出します。購買部門は当該納品書に基づいて仕入伝票入力を行います。

　経理部門は当該入力について異常がないかを確認したうえで会計システムの確定処理を行い，仕入と買掛金の計上を行います。

＜一般的な簿記による仕訳（3分法）＞

| （借）仕入（費用） | ××× | （貸）買掛金（負債） | ××× |
| 　　　仮払消費税（資産） | ××× | | |

＜一般的な会計システムによる仕訳（売上原価対立法）＞

| （借）棚卸資産（資産） | ××× | （貸）買掛金（負債） | ××× |
| 　　　仮払消費税（資産） | ××× | | |

　「3分法」が決算期末（四半期・月次含む）の決算整理仕訳で棚卸資産の期末残高を仕入から振り替える仕訳を行うことで一定期間の売上原価を算出するのに対し，「売上原価対立法」は売上のつど棚卸資産を売上原価に振り替える仕訳を行うことで，期中のどのタイミングでも損益計算書（売上総利益）と貸借対照表（棚卸資産）を把握することができ，取引ごとの採算もわかります。

仕訳の数が増えますがシステム管理が当たり前の今日においては大きなデメリットにはなりませんので，実務では「売上原価対立法」が主流です。

ここで注意すべき点は付随費用の取得原価への算入漏れです。税務上は事務処理の簡便化の観点から，購入代価のおおむね３％以内の少額なものは費用処理が認められていますが，「引取運賃，荷役費，運送保険料，購入手数料，関税など購入のために要した費用や消費・販売の用に供するために直接要した費用」にはこの３％少額基準は適用されないため，少額であっても取得原価に含めて計上する必要があることに留意が必要です。

なお，購買部門では発注した材料等が期日どおりにきちんと納品されているかを管理するために注残管理を行います。納期遅れが多い取引先については注意喚起するとともに必要に応じて取引先の変更を検討します。

【支払】

その後に仕入先から届く請求書に基づいて行われる支払については，「第１章　現金預金管理　第２節　銀行振込/支払」を参照してください。

（3）原価計算プロセス

原価計算とは，ざっくり言うと製品を作るのに要した製造原価を求めることです。１個いくらの原価かわからないと，いくらの販売価格をつけてよいかもわからないので，製造業の会社にとっては非常に重要です。

原価計算は中途半端に触れると誤解を招くため，本書では簡単に触れるだけにとどめます。詳細は簿記・会計の参考書・専門書等をご参照ください。入り口として製造原価の構成要素を一番粗く分けたイメージを図表４−２に示します。

第4章　購買・仕入債務管理　81

【図表4－2　製造原価イメージ】

総原価												利益
製造原価											販管費	
材料費				労務費				経費				
原材料費	買入部品費	燃料費	工場消耗品費	賃金	賞与手当	退職給付費用	福利費	外注加工費	運搬費	水道光熱費	減価償却費	

販売価格

（出所）著者作成

　これら製造原価の構成要素は投入のされ方や計算方法，分析方法によって，直接費・間接費，実際原価・標準原価，固定費・変動費の概念に分けられます。

　原価計算基準上は目的別に，財務会計目的の原価計算として「実際原価計算」と「標準原価計算」（固定費込みで計算するので"全部原価計算"），管理会計目的の原価計算として「直接原価計算」（固定費を含めず変動費に着目するので"部分原価計算"），の2つに分けて規定しています。

　全部原価計算はさらに「個別原価計算」と「総合原価計算（単純総合原価計算，等級別総合原価計算，組別総合原価計算）」に分けて規定されています。

　原価計算基準に規定されているだけでも複雑ですが，各社は原価計算基準の考え方を基礎としつつも実態に合わせて独自の計算方法を持っており，さらに原価計算の範囲には意思決定会計等も含まれるため非常に広範です。

　計算の複雑さゆえに配賦基準，標準原価の改定，原価差額の処理等を利用した原価の過少計上がなされても発見されにくいため，細心の注意が必要です。

2 滞留債務管理

（1）滞留債務のリスクとその管理の前提

　債務が滞留（支払遅延）するということは支払義務を果たしておらず，仕入

先等の信頼を失う可能性があるとともに，損害賠償請求や下請法違反となるリスクがあります。また，なんらかの支払を止める必要がある事象が生じている可能性もありますので注視する必要があります。

　この滞留債務管理を行うにはその前提として，取引先ごとではなく個別の契約ごとに債務管理・消込がなされる必要があります。

(2) 業務フローチャート (滞留債務管理)

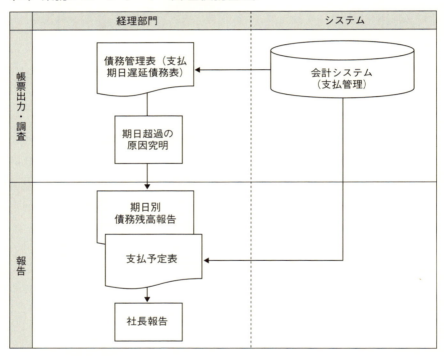

　債務管理表で滞留している債務の有無を確認し，調査・報告するとともに必要に応じて債務の取崩しを行います。

　具体的な業務処理記述をフローチャートと比較しつつ確認していきましょう。

第4章 購買・仕入債務管理　83

【帳票出力・調査】

　経理部門において，支払管理システムから出力される債務管理表（図表4－3）に基づいて支払期日から遅延している債務を確認します。

　支払期日から遅延している債務がある場合は請求書等のエビデンスと再度確認したうえで，原因究明を行います。

【報告】

　経理部門は，期日別債務残高報告書を作成し，支払予定表（図表4－4）等の補足情報と合わせて社長に債務の状況を報告します。

　また，支払予定日から一定期間以上経過しているが請求される見込みがない滞留債務については取崩しを行い，収益認識する必要があります。

【図表4－3　債務管理表】

債務管理表

相手先コード	相手先名称	内容	計上日	請求日付	計上科目	控除前金額（税込み）	源泉徴収額	支払金額	支払予定日	支払方法
22345	ワン情報工業	システム導入	2023年4月5日	2023年4月4日	ソフトウェア	223,800		223,800	2023年5月31日	振込
22345	ワン情報工業	サーバー	2023年4月5日	2023年4月4日	備品	532,600		532,600	2023年5月31日	振込
22346	トゥー出版	雑誌	2023年4月1日		新聞図書費	2,300		2,300	2023年4月25日	引落
22347	スリー技研	商品	2023年4月8日	2023年4月6日	仕入	828,000		828,000	2023年5月31日	振込
22348	フォー不動産	事務所家賃	2023年4月1日		支払家賃	484,800		484,800	2023年4月20日	引落
22349	ファイコンサル	コンサルフィ	2023年4月7日	2023年4月2日	外注費	880,000	81,680	798,320	2023年5月25日	振込
					⋮					

（出所）著者作成

【図表4－4　支払予定表】

支払予定表

相手先名称	4月	5月	6月	7月	8月	9月
ワン情報工業		756,400				
トゥー出版	2,300					
スリー技研		828,000				
フォー不動産	484,800					
ファイブコンサル		798,320				
		⋮				
合計	2,851,260	3,526,700	1,852,450	1,532,520	1,280,850	780,250

（出所）著者作成

☕ **コーヒーブレイク**　〜長期滞留債務が利益を生む？〜

　経理財務の管理体制が発展途上で滞留債務管理が適切に行われていない会社によくあるケースとして，きちんと整理すると長期にわたって滞留している債務が判明することがあります。

　その原因は相手方の認識漏れ（契約上請求権が生じる事項が起きているのに認識していない等）や過入金ないし過少請求によることが多いです。

　消滅時効の成立要件は国によって異なりますが，基本的には消滅時効が成立し援用すれば債務を取り崩して収益計上することが可能となります。

　なお，消滅時効の成立よりも後の年度で認識すると，税務当局から「益金認識のタイミングが遅すぎる」と指摘を受けるケースがありますので，なぜそのタイミングで認識するに至ったかを説明できる証跡を残すように気をつけましょう。

　「『援用』により法的な債務が消滅するのであり『援用』の時点を時効により利益を受ける本人以外が示すことは民法の基本原則たる私的自治の原則に反するものだから，税務当局であったとしてもそれを侵害することは違法ではないか」のような主張で指摘を取り下げてもらったという話を聞いたことがありますが，それが受け入れられるとも限りませんし，社内ルールに従ったタイミングや消滅時効成立のタイミングで認識するか，合理的に説明できる証跡を残すのがよいと思います。

── ☞ Appendix　6．滞留債務管理要領　参照

③　債務残高管理業務

（1）債務に対して残高確認が行われない理由

　債務残高は実在性より網羅性がない（簿外負債がある）リスクが高く，実在性を確かめる手続である残高確認で簿外負債を発見するのは困難であるため，一般に実在性の検証に有効とされる帳簿残高に対する「確認」は行いません。

　残高の有無にかかわらず取引先の一覧からランダムに確認先を選定し，金額を明記せずにブランクで相手先に記載することを求めれば一定の効果はあると言われますが，そもそも簿外債務は取引先の一覧に載っているとも限りません。

　マイナス残高（赤残）などの異常な残高がないかを確認することが一般的な検証方法となります。

（2）業務フローチャート（債務残高管理業務）

	仕入先	購買部門	経理部門	システム
仕入先別元帳確認		あるべき債務残高など回答 ←問い合わせ	仕入先別元帳 ← / マイナス残高 異常残高など 検出 / 原因判明／判明せず	会計システム
会計処理			（内容に応じた）会計伝票 →	会計システム

【仕入先別元帳確認】

　経理部門は会計システムから仕入先別元帳（買掛金元帳）を出力し，マイナス残高その他の異常残高がないかを確かめます。

　異常残高がある場合は処理に誤りや漏れがないか，重複して記帳していないか，繰越処理がなされているか等を確認し，原因が不明な場合はさらに購買部門に原因やあるべき債務残高を問い合わせます。

【会計処理】

　その結果として修正すべき事項がある場合は，経理部門はあるべき残高にする修正仕訳を計上します。

第 **5** 章

棚卸資産管理

| 1 | 残高管理 |
| (1) 実地棚卸とは |
| (2) 業務フローチャート |
| (3) 実地棚卸の立会時のアドバイス |
| 2 | 受払管理 |
| (1) 受払管理 |
| (2) 業務フローチャート |
| 3 | 適正在庫管理 |
| (1) 在庫の滞留 |
| (2) 業務フローチャート |
| (3) 評価ルールを定める意義 |

　棚卸資産に関連する不正は組織ぐるみから個人レベルまで多岐にわたります。

　個人レベルの不正は本書に記載するような内部統制でかなりのケースを回避することが可能ですが，組織ぐるみで粉飾決算を行うケースは発見が非常に困難です。

　棚卸資産に関する粉飾決算で代表的なものは，①在庫の過大計上と②評価損の未計上です。

1 残高管理

（1）実地棚卸とは

棚卸資産の残高管理のためには「実地棚卸」が重要な手続となります。

実地棚卸とは，主に決算期末の棚卸資産の残高を確認するために，実際に現物を計数・計量し，帳簿残高との一致を確かめる手続です。

実地棚卸の具体的手続を定めた実施要領を整備し，適切に実地棚卸を実施しないと，架空の棚卸資産の計上，棚卸資産の紛失・盗難，在庫の横流し，横領等の不正行為を発見できないリスクがあります。

各社業態・商品特性・他の内部統制の存在などを勘案し，リスクに応じた実地棚卸の具体的手続を定めた実施要領を整備し，適切に実地棚卸を実施しましょう（以下はリスクに応じた実施例です。状況・リスクにより判断します）。

＜リスク高の例＞
・自社倉庫について実地棚卸を毎月末実施，外部倉庫について毎月末外部倉庫からの報告書と帳簿との照合，年2回の管理組織による外部倉庫への訪問の実施と実地棚卸の立会（陪席・同席し視察等をすること）。

＜リスク中の例＞
・年2回の営業・製造部門等による全件実地棚卸，管理組織による外部倉庫への訪問の実施と実地棚卸の立会。
・リスク高の月次の実地棚卸については物流管理システムと会計システムの連携を確認できれば省略。

＜リスク低の例＞
・リスク中の実地棚卸等を年1回（年度末とは限らない）。
・四半期ごとに4分の1ずつ循環棚卸を行い，1年間で全件実施。

☞ Appendix　7．実地棚卸実施要領　参照

（2）業務フローチャート（実地棚卸）

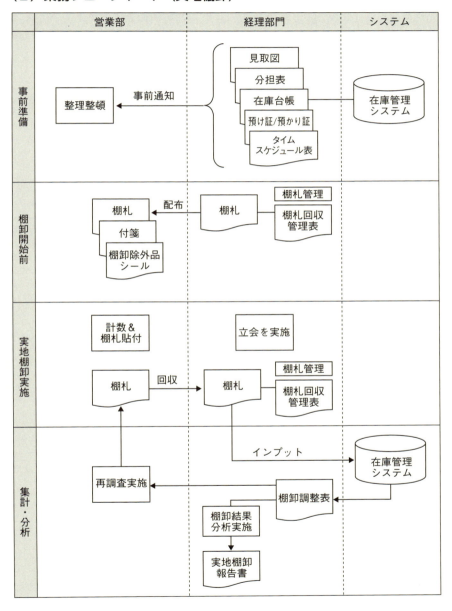

【事前準備】

　経理部門は，見取図（在庫配置場所ごとの地図に棚番等（アドレス）を記載），担当者分担表（実施責任者，管理責任者，棚札管理者，実施チーム，棚卸立会者，システム更新者などの当日の分担），在庫台帳（帳簿上の数量が記載されていないリスト），預かり証（外部預け品の保管証明書），棚卸タイムスケジュール表などとともに，実地棚卸の事前通知を営業部に行います（図表5－1）（図表5－2）（図表5－3）。

　営業部は当該通知に基づいて，棚卸対象となる資産を事前に整理整頓します。

【図表5－1　担当者分担表】

担当者名	チーム名	担当内容	担当エリア	備　　考
山田	A	計数者	2階	
鈴木	A	記入者	2階	
渡辺	B	計数者	3階	
川村	B	記入者	3階	
山本	C	計数者	冷凍倉庫	要防寒
加藤	C	記入者	冷凍倉庫	要防寒
未定	未定	計数者	1階	完了したチームが順次実施
未定	未定	記入者	1階	完了したチームが順次実施

（出所）著者作成

【図表5－2　預かり証】

預かり証

_____　様

株式会社　○○○○
〒○○○-○○○○
TEL :

○○年○月○日，以下の商品を確かにお預かりしております。

品名	品番	単位	数量	備考

（出所）著者作成

第5章 棚卸資産管理　91

【図表5-3　棚卸タイムスケジュール表】

棚卸タイムスケジュール表

作業項目	担　当	9	10	11	12	13	14	15	16	17	18
管理ブース設置	財経	➡									
分担確認	営業	➡									
棚卸除外品シール貼付	営業		➡								
棚札配布	財経→営業	➡									
棚卸カウント実施	営業			➡➡➡➡➡							
棚卸立会開始	財経			➡➡➡➡➡							
棚札回収	営業								➡		
棚札集計	財経								➡		
検査棚卸	営業								➡		
片づけ	営業									➡	
システム数量更新	財経								➡		
差異分析	財経								➡		
報告・反省会	全員									➡	

（出所）著者作成

【棚卸開始前】

　実地棚卸当日，経理部門は営業部に棚札（図表5-4），付箋，棚卸除外品シールを配布します。このとき，棚札配布回収管理表（図表5-5）にどのチームに何番の棚札を配布したかを記載します。

　なお，棚札は2枚複写になっているものもあります。これは計数漏れが生じやすい棚卸資産が多いときに，集計作業前の棚札回収の際に1枚は棚卸資産に貼付したままにしておくことで，集計結果と帳簿残高に差異が生じた際に確認しやすくするためです。

　付箋は，リスト方式で実地棚卸をする際にカウントが完了した商品であることを示すために貼付されたり，数が多い商品について一区切りごとにしるしを付けるために（たとえば100個数えたら貼付）使用されます。

【実地棚卸実施】

　営業部は棚卸資産の実数を数えて棚札に品番と数量を記載し，棚卸資産に棚札を貼付していきます。すべての棚卸資産に棚札が貼付されたことを確認後，すべての棚札を回収し，経理部門に提出します。

　経理部門は営業部の計数と並行して，営業部の実地棚卸が適切か（2名1組

【図表 5 － 4　棚札】

棚札

No.

資産区分					
原材料	仕掛品	製品	商品	貯蔵品	預り品

品目コード	

管理No.	

名称	

規格	数量	重量
	個	kg

保管場所			
	担当	立会人	承認
陳腐化等評価			

（出所）著者作成

で行われているか等），サンプルチェックで計数が正しく行われているかを確かめていきます（立会）。

　経理部門は棚札がすべて回収されていることを棚札回収管理表に基づいて確認したうえで，在庫管理システムにインプットしていきます。

【集計・分析】

　経理部門は，在庫管理システムから出力される棚卸調整表（図表 5 － 6 ）をレビューした結果，実地棚卸数量と帳簿数量との間の差異がある場合には，営

第5章　棚卸資産管理　93

【図表5−5　棚札配布回収管理表】

棚札配布回収管理表

実施日：20××年3月31日

管理責任者	担当者

チーム名	配布棚札ナンバー			計	使用枚数	未使用枚数	計	書損棚札No.	紛失棚札No.
A-1	101	～	300	200	154	44	198	133，142	-
A-2	301	～	400	100	69	31	100		-
B-1	401	～	500	100	88	11	99	-	500
B-2	501	～	550	50	50	0	50		-
⋮									
B-2	801		830	30	27	3	30	-	-

（出所）著者作成

業部に再調査を指示します。

　再調査も完了し，棚卸差異分析表（図表5−7）等によって差異の分析を完了したのち，実地棚卸実施報告書（図表5−8）を作成し経営層に実地棚卸の結果を報告します。

　なお，棚卸残高について不足が生じ，かつ原因究明ができない場合は「棚卸減耗損」として資産残高を減少させ費用計上することで，帳簿残高を現物の残高と一致させます。

　また，実地棚卸の結果，仕入時点から相当期間を経過しているものや不良品などが発見され陳腐化が生じている場合には，収益性の低下（帳簿価額では売れない状態）を適切に反映させるため，正味実現可能価額[※]まで評価損を計上します。

※正味実現可能価額（正味売却価額）とは，「通常の事業の過程における予想売価から，完成までに要する見積原価および販売に要する見積費用を控除した額」をいいます。

94

【図表5－6　棚卸調整表】

棚卸調整表

実施日：20××年3月31日

管理責任者	担当者

品名	品目コード	数量			単価	金額	原因	処理
		帳簿	棚卸	差異				
Flat panel screen	200543	250	235	-15				
Cylinder lock A	200341	45	41	-4				
Inverter single-phase 200V	800635	87	88	1				
Inverter double-phase 100V	800356	285	285	0				
				⋮				

（出所）著者作成

【図表5－7　棚卸差異分析表】

棚卸差異分析表（合計）

実施日：20××年3月31日

管理責任者	担当者

	理論	棚卸	差異
アイテム数	2,058	2,045	-13
数量	86,750	86,120	-630
金額	38,844,500	38,426,310	-418,190

過剰数量	85
不足数量	-715
差異合計	800
棚卸差異率	0.92%

（出所）著者作成

第5章　棚卸資産管理　　95

【図表5−8　実地棚卸実施報告書】

実地棚卸実施報告書

報告日：20××年4月3日

承認者	報告者

ロケーション	○○倉庫
実施日時	20××年3月31日　9：00〜15：00
実施者	田中，山田，鈴木，小林・・・

在庫種別	点数	帳簿残高	実棚金額	差異
商品	2522	85,265,410	85,110,025	▲ 155,385
材料	3866	65,869,140	65,868,140	▲ 1,000

主な差異理由
実棚前日にA商品について手作業にて払出を行いましたがシステムへの反映が漏れていました（▲140,000円）。今後はダブルチェックを徹底しタイムリーなシステム反映により再発防止に努めます。
なお，残りの差異は品質不良による評価減差異となります。

（出所）著者作成

（3）実地棚卸の立会時のアドバイス

　財務経理や会計監査などの立場の人は実地棚卸の立会を行うことも多いと思いますが，ついつい会計的な視点のみで評価しがちです。私は監査法人時代から会社員である今に至るまで，会計的な視点だけでなく以下の3つの観点から立会を行いアドバイスするよう心がけています。

①資産保全の観点

　たとえば，（シャッターがきちんと締まりきらない等）気密性が低い倉庫であればアパレル系の在庫の湿気によるカビや食料品のネズミ等による被害のリスク，段ボールが潰れている・古くて汚いのであれば虫害のリスク，換金性が高い在庫や横領しやすい日用品・食品の在庫について保安が十分でない場合の

横領リスク，外部倉庫で他の会社の商品と明確な区分ができていない場合に誤って他の会社の商品として処分されてしまう（特に倒産による差し押さえ等）リスクなどについて，改善提案をします。

②安全衛生の観点

　たとえば，ヘルメット等を着用していない従業員はいないか（高所や工場等だけでなくトラック等の荷下ろし作業などでも必要），高所作業で必要な手すり設置や安全帯（墜落制止用器具）の使用が正しくなされているか，積まれた段ボール箱等について下のほうから取る「中抜き」をしていないか（荷が崩れるリスク），燃料等（灯油，ガソリン，軽油，機械油，塗料，シンナー，アルコールなど）が正しく管理されているか（数量・保管期間の管理，直射日光・高温多湿を避けた保管場所など），据付の消火器が古くなっていないか，重機の使用方法は正しいか（安全対策なしでフォークリフトのパレットの上に乗っての作業，フォークリフトが前傾で荷崩れリスクがある等），整理整頓・清掃がきちんとなされているか（作業中に足に引っかけ負傷したり，虫害の原因となる）などについて，改善提案をします。

③法令遵守の観点

　特に店舗の在庫について棚卸立会を行う場合に多いですが，著作権などの侵害となっていないかに注意します。たとえば店内で音楽を流す場合は「商用利用」にあたるため許諾なしにCDや個人利用向けのサブスクの音楽配信サービスを利用して音楽を流すと違法となる場合があります。また，許諾なくアニメキャラクター（絵，写真，人形）などを使ったディスプレイを行った場合も違法となる場合があります。

　著作権などの侵害にあたるかどうかは線引きが複雑なのできちんと確認する必要はありますが，よくある法令違反ではあります。

　上記のように複数の視点を持って臨めば「立会」という業務に高い付加価値をつけられる可能性がグンと上がるのでお勧めです。

2 受払管理

(1) 受払管理

　受払管理とは，棚卸資産の受入および払出を管理することにより棚卸資産の数量・金額等を管理することです。

　受払処理を適切に行い帳簿上の残高を算定したうえで，帳簿上の残高と実地棚卸残高を照合，差異分析を行わないと，架空の棚卸資産の計上（とそれに伴う不正支払），棚卸資産の紛失・盗難，在庫の横流し，横領等の不正行為を発見できないリスクがあります。

　たまに受払処理を行わず仕入高と実地棚卸の残高だけで原価の計上を行って終わりにしている会社がありますが，誰にも理論上の残高と実残高をチェックされないので横領し放題です。また，受入の記録が不正確だと適切な滞留管理も行えませんので不正の温床となりかねません。

(2) 業務フローチャート（受払管理）

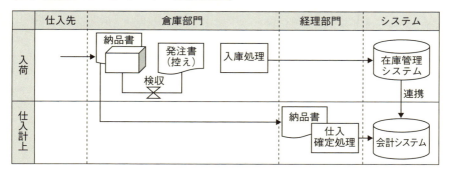

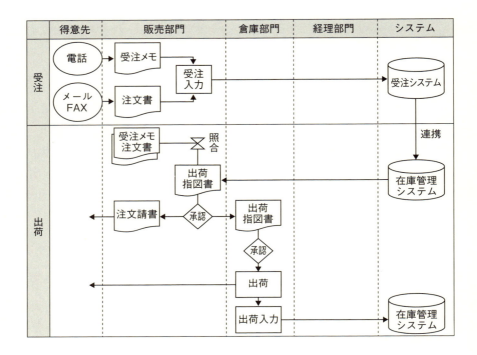

【入荷】

　材料等が納品されると，倉庫部門では発注書控えと納品された材料等の内容・数量を照合するとともに，品質に問題のないことを確認します（検収）。

【仕入計上】

　倉庫部門は材料等の納品書に基づいて入庫処理を行うとともに納品書を経理部門に提出します。

　経理部門は当該入力について異常がないかを確認したうえで会計システムの確定処理を行い，仕入と買掛金の計上を行います。

【受注】【出荷】

　受注と出荷については，「第3章　販売・売上債権管理　第1節　売上業務（5）を参照ください。

第5章　棚卸資産管理　99

③　適正在庫管理

（1）在庫の滞留

　在庫の滞留とは，一定以上の期間にわたり在庫が出荷されることなく膠着している状態を指します。滞留在庫となり今後も売れる見込みがない場合は「デッドストック」や「死蔵在庫」と言われ，一般に値下げをして売り切るか，それでも売れない場合は保管コストを回避するために廃棄することになります。

　滞留管理を適切に実施しないと，適正な在庫金額で評価減されず在庫の過大計上となるリスクがあります。また，滞留原因をきちんと分析せず，結果，滞留商品を良いタイミングかつ適度な値下げ等で処分できないと会社の損失が拡大します。

　ただし，在庫の管理には普遍の解はなく，業界・業態・商品・仕掛品・製品によってさまざまな解があります。大きく「調達におけるリードタイム・最小ロット・仕入先の状況・取引条件」，「自社における生産能力・保管場所・保有可能期間（消費期限）・適正在庫水準」，「販売における環境・需要予測・売上先の状況・取引条件・同業他社の状況・販売施策」といった調達サイド・在庫保有・販売サイドの3つの視点から，費用対効果を加味しつつ適正在庫月数や在庫管理方針を一律ではなく複合的に策定し実行していくことが理想です。

　なお，滞留管理の帳票は適切な受払管理（「いつ，何が，いくつ」倉庫に入ったか，倉庫から出て行ったか）が前提となりますので，滞留管理と受払管理はセットで考える必要があります。

👉 Appendix　8．滞留商品管理要領　参照

（2）業務フローチャート（在庫年齢管理）

	営業部	経理部門	システム
帳票出力・調査	調査依頼 ← / 調査回答 →	年齢別残高表/滞留残高表 ← / 滞留原因/滞留解消スケジュール等の究明	在庫管理システム
評価・報告		滞留棚卸資産報告書(含,分析) ↓ / 社長報告 → 評価減(必要なら) →	評価額変更 / 在庫管理システム

　在庫年齢管理では，在庫管理システムから出力された年齢別残高表（年齢表，エイジングリスト）に基づいて，長期に滞留している在庫の滞留原因の究明，滞留の解消施策の選定，および評価減が行われます。

【帳票出力・調査】

　在庫管理システムから出力された年齢別残高表/滞留残高表に基づき，滞留している在庫を特定し，営業部への滞留原因の調査依頼を行います。

　このとき，滞留在庫の滞留解消のための施策と解消見込みのスケジュールを合わせて確認します。

【評価・報告】

　滞留棚卸資産報告書によって，滞留在庫の滞留原因と解消スケジュールについて社長へ報告します。なお，報告は経理部門が取りまとめますが滞留在庫の責任は営業部にあるため，必要に応じて営業部からも説明を行います。

　また，会社の評価ルールに基づいて滞留在庫の評価減をシステム入力します。

（借）棚卸資産評価損（費用）　×××　　（貸）棚卸資産（資産）　　　　×××

（3）評価ルールを定める意義

　棚卸資産の評価替えが必要な理由は，単に会計的に正しい価値で棚卸資産を貸借対照表に計上するためだけではありません。

　会社の評価ルールは，取り扱う商品や部材等の棚卸資産の性質に応じて決定すべきであり明確な「正解」というものはありませんが，適切に評価減がなされない仕組みだと不良在庫等が残ることになります。単に会計上の残高が残るという意味だけでなく，営業からしても帳簿価格が高いままの商品は売りにくいので，評価減がなされない不良在庫等はどんどん滞留していきます。

　これでは棚卸資産はどんどん陳腐化していきますし，売れない在庫を抱えることで保管料や保険料の負担増など，商品滞留から派生した別の費用もかかります。

　会計的に正しいことも大切ですが，適切に評価減がなされていく仕組みにして在庫の回転率を落とさない（新鮮な在庫を持つ）ことも経営の観点から重要です。

第 **6** 章

固定資産管理

```
1 現物管理
   （1）固定資産実査
   （2）業務フローチャート
2 取得管理
   （1）申請手続
   （2）業務フローチャート
3 除売却管理
   （1）申請手続
   （2）業務フローチャート
   （3）除却・廃棄が大切な理由
4 資産評価（減損）
   （1）減損とは
   （2）業務フローチャート
   （3）ソフトウェアの減損
5 その他の手続
   （1）減価償却
   （2）リース取引
   （3）資産除去債務
   （4）税金
```

　固定資産管理が適切に行われない場合，架空の固定資産の計上，固定資産の紛失・盗難，固定資産の横流し，横領等の不正行為が発生するリスクが高まります。また，減損すべき固定資産が適切に評価されないことによる粉飾のリスクもあります。

　通常，固定資産は「固定」というだけあって建物など物理的に移動が難しいものが多く，その場合は盗難にあうリスクは低いと言ってよいでしょう。しかし，一方で1件ごとの金額が大きくなる傾向があるため，パソコンなどの移動が簡単な固定資産の横領のリスク，減損処理等の粉飾決算に関連するリスクは高いです。

1　現物管理

（1）固定資産実査

　固定資産の実査とは，固定資産の実在性を確かめるために現物を実際に確かめる手続です。固定資産が固定資産台帳などの帳簿どおりに実在するかどうか実際に目で見て数えて確かめます。

　固定資産実査のためには，まず有形固定資産を取得した際に固定資産管理ステッカーをすべての有形固定資産に貼付します。固定資産実査では，これらのステッカー番号と固定資産台帳を照合することによって有形固定資産の実在性を確認します。なお，無形資産の場合であっても，その無形資産の実在性と使用状況をデータや外部証憑，インタビュー等により確認することになります。

　実施のタイミングは期末日の前後で実施することが望ましくはありますが，現金その他換金性が高い資産と異なり，固定資産は一般に換金性が高くないケースが多いため，年に一度特定の月末に実施したり，循環実査（場所・種類ごとに作業する日を分けて少しずつ実査し1年間で会社の全固定資産を実査）することが多いです。

　固定資産実査を実施することにより，固定資産の取得や除却などを行った際の計上漏れがあれば発見することができます（計上の正確性）。また，固定資産が私的に流用されたり横領されていないか（不正），壊れていたり使っていないまま放置されていないか（事故防止・評価損等計上漏れ）を確認することができます。

──☞ Appendix　9．固定資産実査実施要領　参照

(2) 業務フローチャート（固定資産実査）

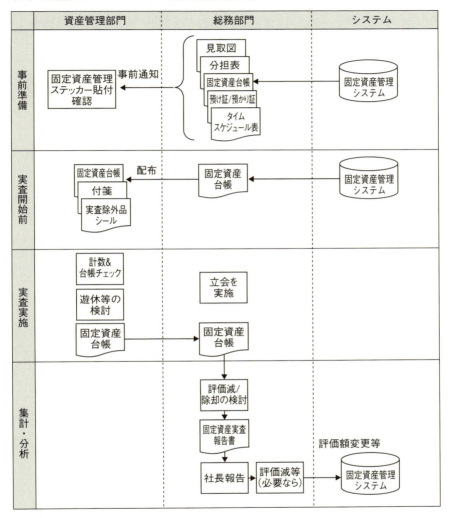

【事前準備】

総務部門は，見取図（固定資産の配置場所ごとの地図に資産コード等（アドレス）を記載），分担表（実施責任者，管理責任者，実施チーム，実査立会者などの当日の分担），固定資産台帳，預かり証（外部預け品の保管証明書），タ

イムスケジュール表などとともに，固定資産実査の事前通知を営業部に行います。

　営業部は当該通知に基づいて，実査対象となる固定資産について固定資産管理ステッカー（図表6－1）が貼付されているか等を確認します。

【図表6－1　固定資産管理ステッカー】

資産名	
資産コード	
取得年月日	
株式会社〇〇	

（出所）著者作成

【実査開始前】

　実査当日，総務部門は営業部に最新の固定資産台帳，付箋，実査除外品シールを配布します。

【実査実施】

　営業部は固定資産の実数を数えて固定資産台帳と照合していきます。このとき，遊休資産（ずっと使っておらず今後も使用予定がない資産）であるか，陳腐化（使用はできるが市場価値が著しく下落）が生じているか，破損が生じているかを確認し，その状況を固定資産台帳に記載します。

　総務部門は営業部の照合と並行して，営業部の固定資産実査が適切か，サンプルチェックで計数が正しく行われているかを確かめていきます（立会）。

【集計・分析】

　実査数量と帳簿数量との間の差異がある場合には，営業部はその原因を究明します。また，営業部は総務部門とともに評価減/除却を実施するかどうかの検討を行います。

　差異原因調査や評価減等の検討が完了したのち，固定資産実査報告書を作成し社長に固定資産実査の結果を報告します。

第6章　固定資産管理　107

　また，固定資産実査の結果，実査差異が解消できなかったり評価減等が必要な場合は，総務部門は固定資産管理システムに差異・評価減等を反映させます。

2　取得管理

（1）申請手続

　固定資産の取得に関する申請手続が定められていないと，架空の固定資産の計上等の不正行為を発見できないリスクが高まります。また，固定資産管理部署が固定資産取得についてレビューしないと固定資産計上時に会計処理・耐用年数等を適切に検討せず，誤った計上を行うリスクもあります。

　取得に関しては，予算等に基づいて行われるのが原則で，資産の取得理由・内容・金額等を説明した申請書に基づき所定の承認手続を取っている必要があります。

　また，一定規模以上の固定資産については，相見積りを取りましょう。相見積りとは，複数の業者から商品やサービスの見積りを取って，条件・価格・納期などを比較し，最も良い条件の購入先を選定することをいいます。「あいみつを取る」と短くいうこともあります。

（2）業務フローチャート（固定資産取得）

購入先	資産購入部門	総務部門	経理部門	システム
発注	固定資産取得申請書（高額な場合は稟議書添付） →	固定資産取得申請書		
	← 見積書発行依頼			
	→ 見積書 → 依頼先選定			
	← 発注書			
入荷	→ 納品書　発注書（控え）　検収			
資産計上	→	納品書　固定資産取得申請書　インプット →		固定資産管理システム　連携　会計システム
	貼付 ← 固定資産管理ステッカー			
支払	→	請求書　支払依頼表 →	＜支払＞プロセス	

【発注】

　資産購入部署の担当者は固定資産取得申請書（図表6-2）に資産の内容や取得目的を記載し，上長の承認を取得したうえで総務部門に固定資産取得を依頼します（取得金額に応じて別途稟議や取締役会決議等が必要となるよう職務権限規程等で定めるのが一般的です）。

　総務部門は承認済みの固定資産取得申請書に基づいて見積書の発行依頼を購入予定先に出します（原則として相見積りを取ります）。

　入手した見積書を比較し，選定された購入先に発注書を発行するとともにそ

第6章　固定資産管理　109

の控えを資産購入部署に渡します。

【図表6-2　固定資産取得申請書】

固定資産取得申請書						
			申請日			
管理部長	所属部長	IT部長	申請者	所属		
				氏名		
				社員No.		
取得目的						
支払先						
入荷予定日			支払予定日			
資産内容					数量	金額
※1件あたり10万円以上について本申請を行う。					小計	
※IT機器（PC，タブレット等）については事前に要IT部長承認。					消費税	
					合計	

管理部使用欄

申請番号			システム処理
科目	金額		

（出所）著者作成

【入荷】

　資産購入部門に固定資産が納品されます。資産購入部門では発注書控えと納品された固定資産の内容・数量を照合するとともに，品質に問題のないことを確認します（検収）。

【資産計上】

　資産購入部門は固定資産の納品書を総務部門に提出します。

　総務部門は当該納品書と固定資産取得申請書を照合したうえで固定資産管理システムに取得した固定資産の登録必要項目（名称・型番，資産の種類，取得価額，取得日，使用開始日，数量，耐用年数，償却方法，償却率，設置場所など）をインプットします（これにより固定資産台帳が作成されます）。

　固定資産管理システムは会計システムとインターフェースで連携しており，会計システムで固定資産が計上されます。

（借）工具器具備品（資産）	×××　（貸）未払金（負債）	×××
仮払消費税（資産）	×××	

　総務部門は，管理番号を印刷した固定資産管理ステッカーを資産購入部門に発行し，資産購入部門はそれを固定資産に貼ります。

　なお，固定資産を購入によって取得した場合には，購入代金に「買入手数料，運送費，荷役費，据付費，試運転費等の付随費用」を加えて取得原価とする点に留意が必要ですが，税務上は「不動産取得税，自動車取得税，登録免許税等の租税公課」などは含めないことができるとされています。

【支払】

　その後に購入先から届く請求書に基づいて行われる支払については，「第1章　現金預金管理　第2節　銀行振込/支払」を参照してください。

③　除売却管理

（1）申請手続

　固定資産の除売却に関する申請手続が定められていないと，固定資産の紛失・盗難，固定資産の横流し，横領等の不正行為を発見できないリスクが高まります。

　除却の際の廃棄に関しては，廃棄物処理法を遵守しないと罰則のみならず社会的信用を失うリスク（レピュテーションリスク）を伴います。

　また，税務上も除却等が行われたことを証明する必要があるため，固定資産

が物理的に，適切，確実かつ適法に廃棄・売却されたことを確認できる証跡（写真，契約等）を残すことが必要となります。

（2）業務フローチャート（固定資産除却）

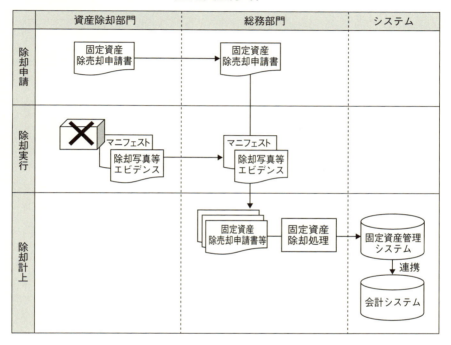

【除却申請】
　資産除却部門の担当者は「固定資産除却・売却申請書」（図表6－3）を作成し，金額・内容に応じて上長の承認を取得のうえで，当該申請書を総務部門に提出します。

【図表6-3　固定資産　除却・売却申請書】

固定資産　除却・売却申請書

管理部長	所属部長	IT部長

申請日		
申請者	所属	
	氏名	
	社員No.	

資産名	
固定資産コード	
資産取得価額	

資産残存簿価	

除売却理由	
除売却先	
除売却日付	

除売却業者名	

備考

※　IT機器（PC，タブレット等）については事前に要IT部長承認。
※　産業廃棄物に該当する物品は，産廃法に基づく手続を遵守のこと
※　廃棄処理完了のときに廃棄証明書（マニフェスト）を管理部に提出のこと

管理部使用欄

申請番号	

システム処理

科目	金額

（出所）著者作成

【除却実行】

　資産除却部門は対象資産を実際に除却し，使用できない状態ないし廃棄直前の写真等のエビデンスを用意し，廃棄する場合は廃棄物処理業者からマニフェスト※を入手します。

　除却写真等のエビデンスとマニフェストは総務部門に提出され，総務部は「固定資産除却・売却申請書」との整合性を確認します。

※　マニフェスト（産業廃棄物管理票）とは，処理委託した産業廃棄物が契約内容どおりに適正処理されたかを確認するための管理伝票のことをいい，廃棄物処理法に基づいて要求されるものです。産業廃棄物の種類，数量，運搬業者，処分業者などが記載され，紙マニフェストの場合は廃棄処理が完了するまで複写式の紙が廃棄物と一緒に移動し，その控えが廃棄プロセスに応じて各業者から排出事業者に送付されてきます。
　電子マニフェストはシステム導入費用がかかり，かつ，すべての関連業者がシステムを利用する

必要がありますが，すべてがシステム内で済むため徐々に浸透しつつあります。

【除却計上】

　総務部門は「固定資産除却・売却申請書」に基づいて固定資産管理システムに除却処理をインプットします。

　固定資産システムは会計システムとインターフェースで連携し，当該固定資産の除却の会計処理が行われます。

（借）減価償却累計額（評価勘定）×××	（貸）工具器具備品（資産）　　×××
固定資産除却損（費用）　×××	

（3）除却・廃棄が大切な理由

　固定資産は会計上は取得日から耐用年数にわたって減価償却によって毎期費用処理されていき，最終的には一般に残存簿価1円になるまで償却されます。

　しかし，使わなくなった固定資産（遊休資産等）は，会計的には償却完了を待たずに簿価を減損する等により簿価をゼロにすべきです（使わない場合は将来の利益に貢献しないので価値もゼロ）。

　他方，税務およびコストの観点でも除却すべきです。使わない資産を税務上も認められる形で除却（使えないように実際に破壊する等）を行えば簿価を費用（損金）計上することができ，早期に税金の減額効果を享受することができます。また，除却だけでなく廃棄まで行えば単純に固定資産を置いていたスペースが空くため，そのスペース確保のためのコストを減額することが可能です。

　このように会計上あるべき処理をすべきという観点とコストメリットの観点から，使う予定がなくなった固定資産は会計上で減損するだけではなく，除却・廃棄処理を積極的に行っていくことが有用です。

4 資産評価 (減損)

(1) 減損とは

　減損とは，資産の収益性が低下して投資額の回収が見込めなくなった場合に，当該資産の帳簿価額にその価値の下落を反映させる手続であり，資産の帳簿価額を回収可能価額まで減少させるものです。要するに資産価値が落ちて貸借対照表に載っている価額より低くなったら，貸借対照表上の価額も資産価値に見合う金額まで下げましょう，というのが減損です。

　減損会計の対象となる資産には，有形固定資産，無形資産および投資等があります。

　減損にまつわる粉飾として，たとえば複数店舗を経営している会社のとある1店舗の業績が悪い場合に，間接費や受取リベートの配賦基準を恣意的に操作して該当店舗へ有利に配賦することで業績を良くみせたり，不良在庫を業績の良い他の店舗に異動させたうえで処分させて損失を他店舗に移したり，人件費について他店舗からの応援の人件費を該当店舗に付けなかったりして，業績が悪くないように見せかけてその店舗の固定資産に係る減損の兆候ないし減損の認識を回避する粉飾決算が行うことが考えられます。

　また，減損は事業計画に基づく将来のキャッシュ・フロー（以下，「CF」）に基づいた現在価値との差額で算定されますので，楽観的な将来予測に基づき現在価値を算定することで，減損金額を過少にする粉飾もよく行われる手法です。

　なお，事業計画は投融資委員会等の客観的に評価する体制が重要です。また，事業計画の妥当性を検討するための事後モニタリングに際しては，初期に利益が達成されているか否かだけではなく，各種KPI（登録者数や取引量など）もモニタリングの対象として将来CFの見積りの妥当性を検証する必要があります（初期の利益目標が達成されているのは，人がうまく雇えていない等の必要な支出ができていないことが理由で，実は新規開拓や店舗展開等が進んでいない，ということもあります）。

（2）業務フローチャート（減損）

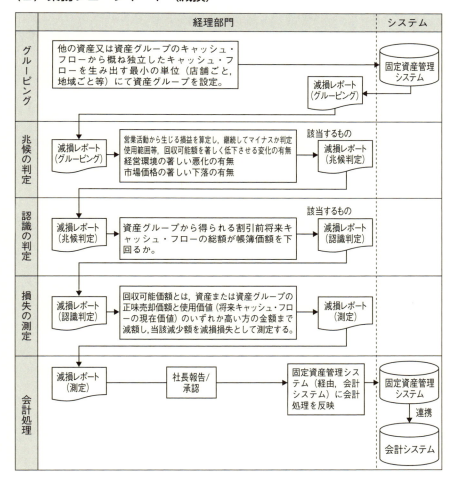

【グルーピング】

　使用することによりキャッシュを生み出せる最小の単位まで資産をまとめることをグルーピングといいます。固定資産管理システムにはそれぞれが何の資産グループに属するかを設定します（店舗・地域等）。

　個々の固定資産が他の固定資産との間で相互に補完関係があり、どちらか一

方では期待するキャッシュを生み出せない場合は同じ資産グループとして扱います。たとえば，A工場のA品とB工場のB品が個別に外部に販売されているなら両者は別々にグルーピングされ，B品を材料としてA品が製造されA品のみが外部に売却される場合は両者を1つの資産グループとします。

固定資産管理システムから「減損レポート（グルーピング）」を出力します。

【兆候の判定】

「減損レポート（グルーピング）」に基づいて，各資産グループについて減損の兆候が生じているかを判定します。

以下のような状況にある場合，減損の兆候があります。

✓ 営業活動から生ずる損益又はキャッシュ・フローが，継続してマイナス
   → 「継続してマイナス」とは，おおむね過去2期マイナスであることを指しますが，当期の見込みが明らかにプラスであれば該当しません。

✓ 使用範囲又は方法について回収可能額を著しく低下させる変化がある
   →事業の廃止・再編成，早期の資産除売却の意思決定，用途変更，遊休，稼働率低下，機能低下，建設仮勘定の計画中止・延期など。

✓ 経営環境の著しい悪化
   →市場環境の悪化（材料の高騰，製商品の販売価格下落，販売量の減少など），技術的環境の悪化（技術革新による陳腐化，特許期間終了など），法律的環境の悪化（改正，規制緩和，規制強化など）。

✓ 市場価格の著しい下落
   →資産又は資産グループの市場価格（市場がないものはそれに準じる価格。ex.公示価格・路線価など）が簿価から50％程度下落。

判定結果を反映させた「減損レポート（減損兆候）」を作成します。

【認識の判定】

減損の兆候の有無を検討した結果，兆候があると判断され「減損レポート（減損兆候）」にリストされた資産又は資産グループについて，減損を実施する必要があるかを判定します。

事業計画等に基づいて算定された資産グループ等から得られる割引前将来CFの総額が帳簿価額を下回る場合，減損を認識する必要があります。

判定結果を反映させた「減損レポート（認識判定）」を作成します。

【減損の測定】

減損の認識の要否を検討した結果，認識する必要があると判断され「減損レポート（認識判定）」にリストされた資産又は資産グループについて，どこまで減損すべきか算定（測定）します。

減損損失の金額は固定資産の簿価から回収可能額※を差し引いて算定します。

測定結果を反映させた「減損レポート（測定）」を作成します。

※回収可能額とは①使用価値と②正味売却価額のどちらか高いほうを指します。
　①使用価値……資産又は資産グループの継続的使用と使用後の処分によって生じると見込まれる将来CFの現在価値（DCF）
　②正味売却価額……資産又は資産グループの時価から処分費用見込額を控除して算定される金額

【会計処理】

「減損レポート（測定）」に基づいて，減損処理について社長に報告したうえで承認を取得します。

承認結果に基づいて固定資産管理システムに固定資産減損処理をインプットします。固定資産管理システムは会計システムとインターフェースで連携し，固定資産減損の仕訳が起票されます。

（3）ソフトウェアの減損

無形資産であるソフトウェアでも減損の要否検討と処理が必要ですが，目に見えない資産であるため特に以下の点に留意する必要があります。

①グルーピング

有形固定資産と同様にグルーピングを決定した「減損レポート（グルーピング）」を作成し，検証する必要があります。ソフトウェアというだけで，グルーピングが生成されるCFと紐づけることなく漠然と大きくグルーピングしてはいけません（たとえばビジネスごとではなく使用部門全体への紐づけ）。

利用目的・ビジネスモデルと関連づけてグルーピングしましょう。

②実査

有形固定資産は定期的に固定資産実査により使用状況を確認することで遊休等の減損の兆候を検証していると思いますが，ソフトウェアについても同等の確認作業が行われる必要があります。たとえば，毎期使用部門にその使用状況をレポートさせるとともに，金額的重要性が高いものについては個別に経理部等によるヒアリングを行います。

このとき，機能拡張を繰り返しているソフトウェアの場合には，特定の機能が使用されなくなっている場合があります。機能ごとの評価を実施する必要があることに留意が必要です。

③ソフトウェア仮勘定の減損検討

有形固定資産と同様に，長期にわたるソフトウェア開発を行う場合には，完成するまでの間はソフトウェア仮勘定で計上されますが，当初の開発計画より遅延している場合は開発コストが回収できないリスクが高まります。完成したソフトウェアと同様に定期的な検証を行うとともに，必要に応じて事業計画の見直し（販売等開始時点の遅れによる収益サイドの見直しも含む）を行います。

5 その他の手続

固定資産管理では，一般的に誤謬・不正のリスクが高い上記プロセスのほかに（1）減価償却，（2）リース取引，（3）資産除去債務，（4）税金の管理が必要です。

（1）減価償却

減価償却とは，資産に計上された固定資産の取得原価を時の経過や使用による価値の減少に合わせて，耐用年数等にわたり各事業年度に減価償却費の科目で費用計上していく会計処理のことをいいます。

（借）減価償却費（費用）　　　×××　　（貸）減価償却累計額（評価勘定）×××

　減価償却の方法には「定額法」,「定率法」,「生産高比例法」などがあります。

　耐用年数と減価償却方法が毎期の減価償却額を決めることになりますが，理論的には会計と税務では必ずしも一致しません。しかし実務的には一般に会計上も税務上の法定耐用年数と減価償却方法を利用しています。

　保有している固定資産が少ない場合はエクセル等で管理することも可能ですが，固定資産管理システムを採用するのが一般的です。「本章第2節（2）業務フローチャート（固定資産取得）」の【資産計上】の際に固定資産システムに入力された情報とシステム内で保有する国税庁の耐用年数表や償却率などの情報に基づいて毎月減価償却額が自動で算定されます。減価償却の情報は会計システムにインターフェースで連携され会計処理が行われます。

　なお，土地や美術品等の時の経過や使用による価値の減少が生じない固定資産については，減価償却を行いません。

（2）リース取引

　固定資産をリースして使用する場合は，自社でその資産を使用する権利を持つことになるため，その使用権を固定資産として計上するとともに（使用権資産），その管理責任が生じます。

　使用権資産は，原則として，借手のリース料から利息相当額を控除した残額を現在価値に割り引いた価格で計上され，利息は利息法によりリース期間にわたり計上します。減価償却は原則として自己所有した場合の減価償却方法と同じ方法で行います。

＜リース契約締結＞

（借）使用権資産（資産）　　　×××　　（貸）リース債務（負債）　　　×××

＜リース料支払＞

（借）リース債務（負債）　　　×××　　（貸）当座預金（資産）　　　　××× 　　　支払利息（費用）　　　　×××

＜減価償却＞

（借）減価償却費（費用）	×××	（貸）減価償却累計額（評価勘定）×××

　このように使用権資産は実質的に固定資産を自己所有するのと同じなので，ほかの固定資産と同様の処理・管理が必要となります。

　使用権資産は支払が月次等になるだけで経済的実体は固定資産の取得であるため，業務フローチャートもほかの固定資産と同様になります。

　ちなみに，特に金額的に大きくなるものに不動産賃借や自動車リースによる使用権資産があります。稟議等レビュー時に計上漏れがないか注意しましょう。

（3）資産除去債務

　資産除去債務は，有形固定資産を将来除去する際に発生する支出（撤去費用，原状回復義務）が不可避の義務として存在する場合に，それを資産の取得時に資産と負債に同額計上し，将来の支出に備える会計処理です。

　計上する金額は将来の支出を無リスク利子率で現在価値に割り引いて計算されます（無リスク利子率≒10年物国債の利回り）。

（借）建物付属設備（資産）	×××	（貸）未払金（負債）	×××
		資産除去債務（負債）	×××

　その後，資産は該当固定資産の償却年数等に応じて減価償却され，負債は毎期無リスク利子率で費用処理した金額が少しずつ積み上げられ，支出時に取り崩されることにより，支出時の多額の費用発生が抑えられることになります。

（借）減価償却費（費用）	×××	（貸）減価償却累計額（評価勘定）×××
（借）支払利息（費用）	×××	（貸）資産除去債務（負債）　　　×××

　多くの会社で本会計処理が必要となるのが事務所賃貸に関わる退去時の原状回復義務です。退去が何年後になるかわからない場合でも，入居しているビルの耐用年数等を準用するなど，何らかの方法で退去時点を見積もって計上する必要があります（「退去時点がわからないので計上しない」は通用しません）。

（4）税　　金

①損金算入限度額

　減価償却費のうち，法人税法で定められた償却限度額を超える金額は税務上その年度の損金として認められません。たとえば，会計上で償却年数を税務上の法定耐用年数よりも短くした場合は，減価償却費は税務上の償却限度額を超えるため，償却限度超過額について税務申告書で加算調整する必要があります（「第12章　法人税申告業務　第3節　確定申告　（1）申告額算定」 参照）。

②少額固定資産の特別な取扱い

　「少額償却資産」（10万円未満，すべて損金OK），「一括償却資産」（20万円未満，3年償却），「中小企業者等の特例」（30万円未満，300万円まですべて損金OK）など取得価額等に応じて法人税法上で特別な取扱いをする場合があります。

③固定資産税

　保有する土地，家屋，その他償却資産（自動車，無形資産，少額のもの等を除く）に対して課税される税金を固定資産税といいます。固定資産税は毎年1月1日に保有しているものに課税され，市区町村から送られてくる納付書で支払います。

　税率を乗じる課税標準額は法人税や会計の金額とは異なり取得価額とは関係なく，路線価や評価点に基づいて地方自治体が一方的に決めます（あまりに理不尽な場合は不服の申出もできます）。

第 **7** 章

有価証券管理

1	現物管理
（1）有価証券実査
（2）業務フローチャート
2 取得・売却管理
（1）有価証券の取得・売却の諸手続
（2）業務フローチャート
3 資産評価
（1）会計方針
（2）業務フローチャート

　上場している株式，社債や投資信託などの上場有価証券を保有している場合は，通常は「保管振替制度」（ほふり）に基づき証券保管振替機構に預託し，現物を手元に持つ必要がないため現物管理上のリスクはかなり低いです。

　しかし，事業を行ううえでは上場している有価証券だけでなく取引先の担保として経営者が有する株券等の有価証券を押さえたり，取引先との付き合いとして株式の一部を保有することがありますので，一定の現物管理ルールを定めて運用することが大切です。

　また，取得・売却のルール，資産評価ルールも不正防止のために重要です。

1 現物管理

(1) 有価証券実査

　有価証券は定期的に（少なくとも年1回）その実際の在り高を帳簿残高と照合して，実在性を確認する必要があります。これを「有価証券実査」といいます。

　有価証券が適切に実査されていない場合，架空の有価証券の計上，有価証券の紛失・盗難，有価証券の横流し，横領等の不正行為を発見できない等のリスクが高まります。

(2) 業務フローチャート（有価証券実査）

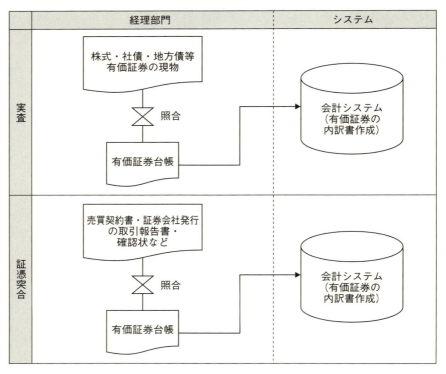

第7章　有価証券管理　125

【実査】

　有価証券の実査とは，有価証券の実在性を確かめるために現物を実際に確かめる手続です。有価証券が有価証券台帳（図表7－1）などの帳簿どおりに実在するかどうか実際に目で見て数えて確かめます。このとき横領を防ぐため2人以上で現物を数える必要があります。

【証憑突合】

　有価証券の証憑突合とは，有価証券の実在性を確かめるために確認状や取引報告書等の外部証憑と有価証券台帳を照合する手続です。有価証券が有価証券台帳などの帳簿どおりに実在するかどうか外部証憑と突き合わせて確かめます。

　なお，期末には有価証券台帳に基づいて，税務申告書に添付する「有価証券の内訳書」に必要な情報をインプットします。

【図表7－1　有価証券台帳】

有価証券台帳

銘柄　＿＿＿＿＿＿＿＿
No.　＿＿＿＿＿＿＿＿
保管場所　＿＿＿＿＿＿＿＿

日付	増加					減少			残高			時価		評価損益
	単価	数量	金額	手数料等	手数料込単価	単価	数量	金額	単価	数量	金額	単価	金額	

※台帳は銘柄ごとに作成

（出所）著者作成

2 取得・売却管理

(1) 有価証券の取得・売却の諸手続

　有価証券の取得・売却が定められた手続に従って行われないと，有価証券の計上等が適切になされないリスクが高まります。有価証券の取得・売却に関し，所定の申請書等を使用し，適切な承認・決裁の手続を定め，運用しましょう。

　なお，インサイダー情報（会社に関する未公表の情報）を知っている状態で，その上場会社の株式を取引する「インサイダー取引」は金融証券取引法違反となり，課徴金納付命令や刑事罰の対象になります（「村上ファンド事件」が有名で，懲役2年，執行猶予3年，追徴金11億円超）。

(2) 業務フローチャート（取得・売却）

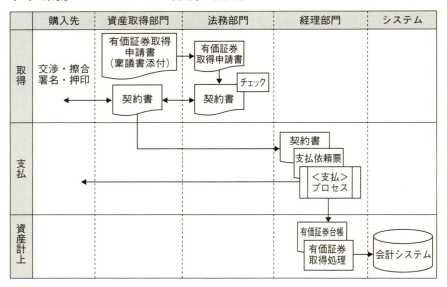

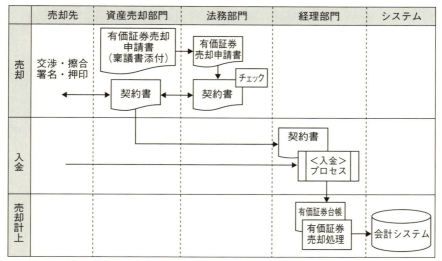

※株券は不発行が原則であるため、ここでは株券の実物のやり取りがない前提としています。

【取得】

資産取得部門は有価証券取得の稟議決裁をとったうえで（もしくは並行して）、相対取引で株式を取得する場合は購入先と折衝して有価証券売買契約書のドラフトを作成し、法務部門による契約書レビューを受けます。

法務部門により確認され、必要に応じて修正された契約書について、購入先との間で合意が取れたのちに、お互いに署名・押印を行います。

当該有価証券が株券不発行株式の場合、会社に株主名簿の名義書換請求を行います（株主名簿の記載がないと議決権や配当等の株主権を行使できません）。

【支払】

資産取得部門は支払依頼票を作成して契約書を添付し、経理部門に回付します。経理部門による支払については「第1章　現金預金管理　第2節　銀行振込／支払」を参照してください。

【資産計上】

　経理部門は有価証券台帳に取得した有価証券の情報を記載したうえで，有価証券の計上伝票を起票し，会計システムに入力します。

（借）投資有価証券（資産）	×××	（貸）普通預金（資産）	×××
投資有価証券（資産）※	×××		
仮払消費税（資産）	×××		

（注）投資有価証券の取得は非課税取引で消費税はかかりませんが，購入時の支払手数料※は投資有価証券の取得原価に含めたうえで消費税が課税されます。

【売却】

　資産売却部門は有価証券売却の稟議決裁をとったうえで（もしくは並行して），相対取引で株式を売却する場合は売却先と折衝して有価証券売買契約書のドラフトを作成し，法務部門による契約書レビューを受けます。

　法務部門により確認され，必要に応じて修正された契約書について，売却先との間で合意が取れたのちに，お互いに署名・押印を行います。

【入金】

　資産売却部門は契約書を経理部門に回付します。経理部門は入金を確認し仮受処理を行います（「第1章　現金預金管理　第1節　銀行振込/入金」参照）。

【売却計上】

　経理部門は有価証券台帳に売却した有価証券の情報を更新したうえで，有価証券の売却伝票を起票し，会計システムに入力します。

（借）普通預金（資産）	×××	（貸）投資有価証券（資産）	×××
支払手数料（費用）	×××	投資有価証券売却益（収益）	×××
仮払消費税（資産）	×××		

（注）投資有価証券の売却は非課税取引で消費税はかかりません。なお，売却時の支払手数料は非課税売上に対応する課税仕入となり，仮払消費税は消費税法上の取扱いが複雑なのでご注意ください（控除（取り戻せる）とは限らない）。

③ 資産評価

（1）会計方針

　有価証券の減損に関する会計方針が不明確だと，計上すべき減損損失が計上されないリスクがあります。有価証券の減損認識・測定の会計方針について会計基準に従って具体的にルールを策定し，運用しましょう。

　日本基準の場合，保有目的の観点から大きく4つに分類し会計処理します。

分　類		定　義	貸借対照表価額	評価差額
売買目的有価証券		時価の変動により利益を得ることを目的として保有する有価証券	時価	損益
満期保有目的の債券		満期まで保有する目的で保有する社債その他の債券	（原則）取得原価	—
			（例外）償却原価	償却原価法による償却額：損益
子会社株式及び関連会社株式		支配又は影響力を持つ目的で保有する株式	取得原価	—
その他有価証券	市場価格あり	上記のいずれにも該当しない有価証券	時価	純資産の部※
	市場価格なし		（原則）取得原価	—
			（例外）償却原価	償却原価法による償却額：損益

※日本基準では全部資本直入法と部分資本直入法がありますがIFRSには部分資本直入法はなく，実務上も大半が全部資本直入法を採用し時価の変動はすべて純資産の部で処理します。

　上記の表のとおり，売買目的有価証券は時価の下落についてはその多寡にかかわらず評価損（損益）として認識されますが，それ以外の有価証券は時価の通常の下落については損益を認識しません。しかし，時価が著しく下落している場合には回復見込みがある場合を除き評価差額を評価損として損益計算書に計上するとともに，価値下落後の価額を貸借対照表に計上することになります。この会計処理を「有価証券の減損」といいます。

　なお，IFRSの場合は有価証券をFVTPL（Fair Value Through Profit or Loss），FVTOCI（Fair Value Through Other Comprehensive Income）および償却原価に分けて会計処理を行います。FVTPLが売買目的有価証券，FVTOCIがその他有価証券，償却原価が満期保有目的の債券におおむね対応します。

(2) 業務フローチャート（資産評価）

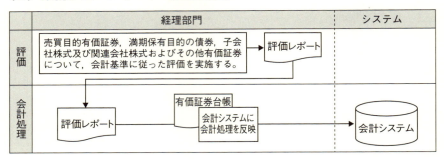

【評価】

　四半期ごとに有価証券台帳に記載された取得原価と時価を比較し，会計基準および会計方針に基づいて評価減の要否を検討し，評価結果のレポートを作成します。減損が必要な場合は評価レポートについて経理部長の承認を取得します。

【会計処理】

　評価レポートに基づいて評価替えが必要な場合は，有価証券台帳を修正するとともに，会計システムに必要な決算整理仕訳を入力します。

第8章

経費管理

> 1 全般管理
> （1）経費精算チェック項目（承認者・検証者）
> （2）業務フローチャート
> （3）経費効率化あれこれ
> 2 個別費目管理
> （1）交際費
> （2）会議費
> （3）旅費交通費

　経費管理は，第一義的には従業員の経費使用を管理して不正な経費使用を防止するのが主な目的です。申請された経費の正当性（本当に必要な経費であるか，会社の経費としてふさわしいかを判断し承認）と正確性（適切なエビデンスに基づいて計上）を確保します。

　交際費，会議費および旅費交通費は，私的利用のリスクが高いため個別に注意が必要であり，別途ルールを制定するのが一般的です。

　交際費（寄付を含む）の場合，その支出が贈収賄等のコンプライアンス上の問題となるリスクもあるため，従業員の個人的な横領等よりも会社に大きな損失を被らせる原因にもなります。

1 全般管理

（1）経費精算チェック項目（承認者・検証者）

経費精算の承認・検証をするときには以下をチェックします。

- ✓ 事前申請がある場合は事前申請項目との整合性
- ✓ 事前申請がない場合は，必要な経費か，金額が常識的な範囲か（交通費なら場所・移動距離，交際費なら店の内容・相手方の性質・人数など）
- ✓ 金額・内容に応じた必要な承認が取得されているか
- ✓ 経費精算書と証憑（請求書，領収書，レシート等）の金額・日付・相手先の照合※
- ✓ 金額の集計等の計算誤りがないか計算チェック※
- ✓ 交際費・会議費の場合，会議等の実在性の確認（会議内容，出席者）
- ✓ 交際費・会議費の場合，税務上の損金算入の可否検討

※については，赤字等でチェックマーク（「✓」「○」「×」「Φ」「T」「W」など何でもかまいません）を付けて照合・計算チェックが漏れなく行われた証跡を残しましょう。

（2）業務フローチャート（全般・個別費目共通）

	支払先	経費使用部門	経理部門
事前承認		経費事前申請書 → 〈承認〉	
経費精算	→	経費事前申請書／領収書／経費精算書 → 〈承認〉	＜支払＞プロセス

【事前承認】

　支出が一定金額以上となる場合や交際費などについては，「経費事前申請書」（図表8－1）により上長の承認を取得します。

　なお，公務員・政府関係者を含む交際費の支出については，コンプライアンス（贈収賄）の観点から別途法務部の事前承認を必要とします。

【経費精算】

　経費使用者が立替払いした経費について「経費精算書」（図表8－2）を作成し，支払先から受け取った領収書と承認済みの「経費事前申請書」を証憑として，上長承認を取得し，経理部門に経費精算の依頼を行います。

　なお，経費使用者が立替払いを行わない場合は，相手先から入手した請求書を証憑として添付します（「経費事前申請書」と精算の内容が同一の場合は「経費事前申請書」をもって本精算書に代えることができる，というルールにすることも可能です）。

【図表8−1　経費事前申請書】

経費事前申請書

社長	管理部長	所属部長		申請日		
			申請者	所属		
				氏名		
				社員No.		

申請合計金額	
目的	
支払先	

経費の内容	日付	単価	数量	金額
			小計	
			消費税	
			合計	

交際費使用欄

日時		
場所		
内容		
社外出席者 （会社名） （役職） （氏名）		
	人数	
社内出席者 （役職） （氏名）		
	人数	
1人単価	公務員・政府関係者の有無	有 ・ 無
備考	法務部承認欄	

公務員・政府関係者を含む場合は法務部の事前承認を得る必要がある。
飲食店1軒当たりの交際費1人当たり単価が10,000円（税抜）以下の場合は少額交際費として全額損金となる。

管理部使用欄

申請番号		経理処理	支払検証

（出所）著者作成

第8章 経費管理 135

【図表8-2 経費精算書】

経費精算書

社長	管理部長	所属部長		申請日		
			申請者	所属		
				氏名		
				社員No.		

申請合計金額	
目的	
支払先	

経費の内容	日付	単価	数量	金額
			小計	
			消費税	
			合計	

※「経費事前申請書」と内容・金額が同一の場合は「経費事前申請書」をもって本精算書に代えることができる。

会議費・交際費使用欄

日時	
場所	
内容 (議事録等)	
社外出席者 (会社名) (役職) (氏名)	
	人数
社内出席者 (役職) (氏名)	
	人数
1人単価	交際費事前承認金額(税抜)
備考	

交際費につき公務員・政府関係者を含む場合は法務部の事前承認を得る必要があるが,やむを得ず事後となった場合は,本精算書にその旨を記載したうえで法務部承認を取得すること。
飲食店1軒当たりの交際費1人当たり単価が10,000円(税抜)以下の場合は少額交際費として全額損金となる。

管理部使用欄

申請番号		経理処理	支払検証

(出所) 著者作成

（3）経費効率化あれこれ

経費精算等を効率化させるための方法をいくつか紹介します。

- ✓ 現金決済はせずコーポレートカードの履歴を経費精算システムに連動。
- ✓ ネットバンキングシステムのデータを会計ソフトに連動。
- ✓ 会計ソフトのデータをネットバンキングシステムに連動。
- ✓ 請求書作成ソフトを会計ソフトに連動。
- ✓ Excel（CSV）等のデータを入手し会計ソフトにアップロードで計上。
- ✓ 小口現金を持たない，現金支払を行わない。
- ✓ わざわざ領収書をもらわない（レシートで十分）。
- ✓ 経費の申請・承認の方法等の方針を整理して全従業員に周知徹底することで問い合わせや処理誤りを減らす。
- ✓ 交通費も含めた経費使用履歴をデータで扱えるサービスを使い，会計ソフトに連動/加工取込（交通系電子マネー等）。
- ✓ 証憑スマホスキャンで経費精算入力を自動化するシステムを導入する。

② 個別費目管理

（1）交際費

交際費は，本来経費とすべきでない個人的な支出の申請など不正な経費支出が行われるリスクが高いです。また，贈収賄に関与する交際費支出が行われるコンプライアンス上のリスクも高いです。

交際費は，以下の点に注意して管理する必要があります。

- ✓ 事前申請
- ✓ 法務部やコンプライアンス・オフィサーの事前承認（特に公務員等）
- ✓ 交際費の一覧表管理・分析（同じ相手先に繰り返し接待は×など）
- ✓ 税務上の取扱いのチェック（少額交際費にあたるか）
- ✓ これらを定めたルール

（2）会議費

会議費は，交際費ほどではないにしても，本来経費とすべきでない個人的な

支出の申請など不正な経費支出が行われるリスクが高いです。通常の金額であれば事前申請までは必要ないかもしれませんが，必要に応じてルール設定が必要な費目です。

（3）旅費交通費

　旅費交通費も，本来経費とすべきでない個人的な支出の申請といった不正な経費支出が行われるリスクが高いです。不必要に高額な支出，領収書の偽造等がないかをチェックし，必要に応じてルール設定が必要な費目です。

　出張精算は「出張精算書」（図表8－3）により行い，一定の金額以上の出張には「出張報告書」の提出を義務づけ，出張の実在性を確認するために領収書以外に航空チケットの半券のエビデンスをつけさせるなど，通常の経費よりも厳格な管理が必要です。

【図表8－3　出張精算書】

出張精算書

社長	管理部長	所属部長

精算申請日		2023/11/1
申請者	所属	第一営業部
	氏名	営業　太郎
	社員No.	12345678

出張先	大阪支店
用件	㈱○△□食品へ冷凍マグロ20kg/月納品につきスケジュールおよび店舗の調整

出張日程

日付	曜日	出発		到着		宿泊地
		時刻	発地	時刻	着地	
2023/10/25	水曜日	9：00	本社	12：00	大阪支店	Hotel 大阪
2023/10/27	金曜日	14：00	大阪支店	17：00	本社	

交通費					日当および宿泊費		
日付	曜日	交通機関	区間	金額	区分	日数	金額
2023/10/25	水曜日	新幹線	東京-大阪	14,920	日当	3	9,000
2023/10/27	金曜日	新幹線	大阪-東京	14,920	宿泊	2	18,000
					役職		管理職
					総精算額		
			交通費合計	29,840			56,840

管理部使用欄

申請番号	2023-123456

経理処理	支払検証

（出所）著者作成

第8章 経費管理 139

☕ コーヒーブレイク　～電子承認（ワークフローシステム）～

　社内の各種申請や稟議等の従来は紙の申請書を物理的に回付していたものについて，紙の回付をやめて申請等に必要な情報をデジタル情報にしてシステム上で申請・承認を行うシステムです。

　導入が必須ということはありませんが検討に値するメリットがあり，総合商社をはじめ多くの上場会社や比較的規模のある会社で導入されている仕組みです。

メリット
- ✓ ペーパーレス化で紙の管理が不要になり，検索性も上がるので監査等の対応も楽。
- ✓ 意思決定スピードの迅速化。
- ✓ 押印のために出社する必要もなく，リモートワーク時もシステム上で承認できる。
- ✓ 承認漏れが起きにくいため内部統制の運用リスクが下がる。

デメリット
- ✓ 単純にシステム使用コストがかかる。
- ✓ 単純にシステムを導入したら内部統制が強化されるというわけではない。
- ✓ ITリテラシーが低い会社だと従業員が扱いきれない。
- ✓ システムの修正・管理ができる人材・リソースが必要。
- ✓ 既存のシステムとインターフェースできない場合は効率化の効果が半減することもある。

　ワークフローシステムは乱立しており一概にどのシステムが優れているのかは言えないですが，簡単に「今は電子承認が主流だ」と導入すると失敗しますので，デメリットも加味して自社の環境に応じて検討していく必要があります。

　なお，ワークフローシステムといっても従来の紙での仕組みをシステムに載せただけなので，本書では一貫して紙ベースでの仕組みで説明しています。

第9章

給与・賞与・退職給付

---

1 給与計算
　（1）給与計算の留意点
　（2）業務フローチャート
　（3）社会保険料と源泉税額の算定
2 賞　　与
　（1）従業員賞与に関する義務
　（2）業務フローチャート
　（3）賞与引当金
　（4）役員報酬と役員賞与
3 退職給付
　（1）退職給付制度
　（2）業務フローチャート

　給与，賞与および退職給付については個人情報の要素が大きく，多くの会社では財務経理部ではなく人事部が算定し，その算定結果を財務経理部が計上することが多いです。

　しかし，経理担当者や監査人はその算定結果や計上の方法が入手できる情報に基づいて適切であるかを判断する必要がありますので，その算定方法や根拠資料，業務フローを理解する必要があります。

① 給与計算

（1）給与計算の留意点

　給与計算は，従業員の毎月の勤務実績や給与基礎情報等に基づいて，給与を算出して支払を行うプロセスです。

　給与計算ミスにより支払不足となった場合は，故意でなくても労働基準法違反となりますので慎重に行う必要があります。時間外勤務の割増賃金の計算ミス，扶養控除等の反映漏れ，各種手当の反映漏れ，保険料率の改定漏れ，介護保険料の控除漏れ，月中退職者の計算誤りなど，ミスが起こりやすいポイントについてはダブルチェック体制を整え，給与計算システムの導入を検討しましょう（システムといっても完璧ではないので，システム導入しても給与計算システムの結果は担当者が検証すべきです）。

　また，給与に関する情報は個人情報にあたるので漏洩しないよう取扱いに細心の注意を払う必要があります。

　なお，100名未満くらいの規模までは一般的に給与計算担当者は1名で十分ですが，日ごろから業務プロセスの整理とマニュアル化を進めておくことが大切です。たった1人の給与計算担当者が病気や事故，急な退職で対応できないことになったときにもほかの従業員がカバーできるようにしておきましょう。

（2）業務フローチャート（給与計算）

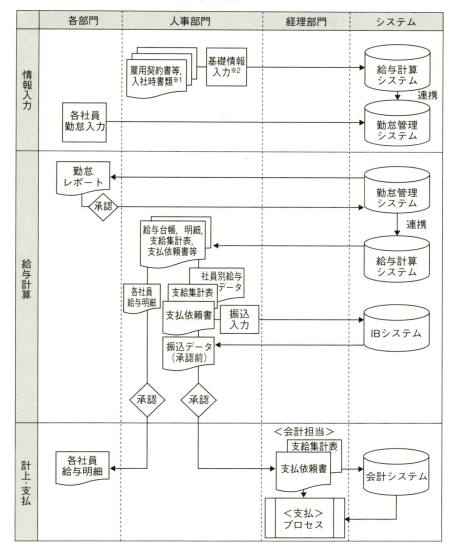

【情報入力】
　人事部門では新たに採用した従業員から各種書類[※1]を入手します（雇用契

約書，身元証明書，各種誓約書，健康診断書，雇用保険被保険者証，住民票，源泉徴収票，通勤経路情報，給与所得者の扶養控除等申告書，健康保険被扶養者異動届，給与口座情報，年金手帳写，マイナンバー（機密扱）など）。

それらに基づいて給与計算等に必要な基礎情報[※2]を給与システムに入力します（姓名，生年月日，入社日，部署・役職，契約種別，扶養控除等情報所得税情報，配偶者情報，家族情報，通勤情報，振込先銀行情報，給与・賞与支給方法，給与締日，基本給等，控除項目，厚生年金保険情報，健康保険標準報酬月額・取得年月日，雇用保険取得年月日，住民税納付先情報など）。

各部門の従業員は各人の勤怠情報を勤怠管理システムに入力します。残業が発生している場合は次の給与計算上で勤務時間帯に応じた割増賃金が加算されることになります。

【給与計算】

毎月，勤怠システムから出力される勤怠レポートを各部門の上長が承認します（システム上で承認処理）。

勤怠システムで承認された勤怠情報に基づいて，給与システムで給与計算を行います。給与システムでの計算結果は給与台帳等の各種帳票に出力され人事部門の給与担当者により検証されます。

通常の支払プロセスと異なり，給与の支払に関するIBシステムへの振込情報の入力は経理部門ではなく給与担当者が行います（通常は給与システムから出力される「全銀データファイル」ないしCSVファイルをアップロードして一括入力）。

「社員別給与データ」と支払額だけを集計した「支給集計表」，IBシステムから出力された「振込情報」（従業員ごとの振込金額）および「支払依頼書」が人事部門の上長に回付されます。上長は振込内容を確認・承認後に「支給集計表」と「支払依頼書」のみを経理部門に回付します（従業員ごとの給与金額がわかるような情報は重要な個人情報であるため他部署には渡しません）。

並行して各社員の給与明細についても，上長の承認後に給与支給に先立って各従業員に配布されます。

第9章　給与・賞与・退職給付　　145

【計上・支払】

　会計担当は回付された「支給集計表」と「支払依頼書」に基づき会計システムに人件費の計上を入力します（支払時に給与から差し引かれる社会保険料等は預り金等（貸方）で控除し，従業員に対する未払金を計上します）。

　以下，理解のために給与明細をベースに1名分の仕訳を紹介します。

基本給	時間外手当	通勤手当						総支給額
345,000	20,300	10,000						375,300
健康保険	介護保険	厚生年金	雇用保険	所得税	住民税	控除合計	差引支給額
17,100	0	32,000	2,070	10,380	34,500	96,050	279,250

（借）給与手当（費用）	365,300	（貸）未払金（負債）	279,250
旅費交通費（費用）	10,000	預り金（負債） 　　　（健康保険/従業員負担分）	17,100
		預り金（負債） 　　　（厚生年金/従業員負担分）	32,000
		立替金（負債） 　　　（雇用保険/従業員負担分）	2,070
		預り金（負債） 　　　（源泉所得税）	10,380
		預り金（負債） 　　　（住民税）	34,500

※雇用保険料は，年に1回の支払時に会社が先に立て替えているため「立替金」で処理。

　同時に社会保険料等の会社負担額を計上します。

（借）法定福利費（費用）	49,100	（貸）未払金（負債）	49,100

※健康保険，厚生年金の社会保険料の会社負担額（翌月末納付期限）。

　なお，社会保険料の納付（翌月）は従業員からの預り金と会社負担額の未払金を相手勘定として支払の仕訳をします。

（借）預り金（負債）	49,100	（貸）現金預金（資産）	98,200
未払金（負債）	49,100		

労働保険料の支払は一括（ないし3回分割）で概算納付します（法定福利費は本来は一部を前払費用で計上すべきですがここでは簡便的に処理）。

| （借）法定福利費（費用） | 52,560 | （貸）未払金（負債） | 77,400 |
| 立替金（資産） | 24,840 | | |

※雇用保険と労災保険（労働保険料）は原則7月10日納付期限で会社が1年分を概算納付。

従業員への給与の支払については，前述のとおり，IBシステムへの振込情報の入力は，人事部門で行われるため，経理部門では，支払依頼書に基づいて検証し，IBシステムの支払の承認（確定処理）のみを行います。

（3）社会保険料と源泉税額の算定

社会保険とは従業員が加入する以下の保険のことをいい，以下の負担割合で従業員と会社が保険料を支払います。管轄の都道府県労働局等に申告する雇用保険と労災保険は合わせて労働保険と呼ばれることもあります。

保険名	内容	負担割合
健康保険	労働者や事業主が日ごろから収入に応じた保険料を支払い，病気・けがの事態に対し医療費の全額を負担せずに済むようにする制度（通常3割負担）。	折半（50%）
厚生年金保険	会社等で働く方々が加入する公的年金制度で老後に年金給付を受けることができる制度。	折半（50%）
介護保険	65歳以上の要介護状態または要支援状態になった方が介護サービスを利用した場合，サービスにかかった費用の一部を保障してもらえる制度。満40歳に達した月から徴収。	折半（50%）
雇用保険	労働者の生活および雇用の安定と就職の促進のために，失業された方や教育訓練を受けられる方等に対し失業等給付を支給する制度。	会社負担>労働者負担
労災保険	業務上の事由または通勤による労働者の負傷・疾病・障害または死亡に対して，労働者やその遺族のために必要な保険給付を行う制度。	全額会社負担
子ども・子育て拠出金	子育て支援，児童手当の支給に要する費用等の一部に充てるために事業主から徴収する制度。	全額会社負担

業種や健康保険組合等の違いで算定方法・料率が異なりますので詳細な計算は割愛しますが（ネットで簡単に確認できます），おおむね給与の16%程度が会社負担分となりますので，従業員を雇用する際の費用負担の目安として考慮する必要があります。

第9章　給与・賞与・退職給付　　147

　源泉所得税は，国税庁が公表している「源泉徴収税額表」に基づいて，マトリックス表において「甲欄の扶養親族等の数」と「〜給与等の金額」の交わるところの金額となり，毎月の給与から天引きします（図表9−1）。

　住民税については，毎年1月末までに会社が市区町村に提出する「給与支払報告書」に基づいて市区町村から5月上旬に会社宛てに送付される「特別徴収税額通知書」に記載された金額を毎月の給与から天引きします。なお，所得税・住民税とも天引きした翌月10日が納付期限であり，会社が従業員に代わって国・地方自治体に納付します。

【図表9−1　給与所得の源泉徴収税額表】

給与所得の源泉徴収税額表（令和5年分）

(一)　**月額表**（平成24年3月31日財務省告示第115号別表第一（令和2年3月31日財務省告示第81号改正））　　　　　（〜166,999円）

その月の社会保険料等控除後の給与等の金額		甲								乙
		扶 養 親 族 等 の 数								
		0 人	1 人	2 人	3 人	4 人	5 人	6 人	7 人	
以　上	未　満	税				額				税　　額
円 88,000	円 円未満	円 0	円 0	円 0	円 0	円 0	円 0	円 0	円 0	円 その月の社会保険料等控除後の給与等の金額の3.063%に相当する金額
88,000	89,000	130	0	0	0	0	0	0	0	3,200
89,000	90,000	180	0	0	0	0	0	0	0	3,200
305,000	308,000	8,910	6,980	5,370	3,760	2,130	520	0	0	55,200
308,000	311,000	9,160	7,110	5,490	3,880	2,260	640	0	0	56,100
311,000	314,000	9,400	7,230	5,620	4,000	2,380	770	0	0	56,900
314,000	317,000	9,650	7,350	5,740	4,120	2,500	890	0	0	57,800
317,000	320,000	9,890	7,470	5,860	4,250	2,620	1,010	0	0	58,800
320,000	323,000	10,140	7,600	5,980	4,370	2,750	1,130	0	0	59,800

（出所）国税庁ウェブサイト　令和5年分　源泉徴収税額表

☕ **コーヒーブレイク**　　**〜幽霊社員への支払〜**

　給与に関連する有名な不正として，退職した従業員のデータを退職のステータスに変更せずに給与口座だけを改ざんし，退職者分の給与を横領する手口があります。
　前述のように給与情報は個人情報であるとして経理部門にも共有されないことが多く，経理部門はチェックを厳しく行うことができないため人事部長（とその部下）が架空の従業員の口座に支払を行っていても発見されにくく，そもそも小規模で人

事・経理が同一人で処理されて牽制が効いていないケースもあります。また，一般的には従業員数が多く離職率が高い会社で多く見られる横領といえます。

このような横領に対しては，IBシステムの給与支払対象者数と在籍従業員数との比較を行ったり，定期的に入退出記録・PC台帳・勤怠データ等と給与支払対象者を突合するなどの発見的内部統制や，退職手続チェックリスト等で従業員データのステータス変更漏れ等をチェックする防止的内部統制が有効です。

2 賞　　与

（1）従業員賞与に関する義務

従業員賞与はそれが支給される場合は月給と同じく賃金の一部ではあるものの，労働基準法で支払義務がある月給とは異なり，賞与には法的に定められた支払義務はありません。

ただし，就業規則等において「毎年2回支給する」など規定している場合は支給しなければならず，さらに「○カ月分」などと規定している場合は少なくとも規定した金額までは支払義務があります。これを守らないと労働条件の不利益変更とされて問題となるおそれがありますし，その他不当な減額等を行うことも従業員から損害賠償請求されるおそれがあります。

賞与も賃金なので月給と同様に社会保険料の負担・支払義務が生じます。また，同様に賞与明細書を発行して従業員に渡す必要があります。

賞与を支給した会社は「賞与支払届」を5日以内に管轄の年金事務所に提出する必要があります（支給しない場合も「賞与不支給報告書」を提出）。

第9章　給与・賞与・退職給付　　149

（2）業務フローチャート（従業員賞与）

	取締役会	各部門	人事部門	経理部門	システム
情報入力	取締役会承認決議／議事録＆添付資料		議事録＆添付資料 → 賞与情報入力		給与計算システム
賞与計算		各社員賞与明細	賞与台帳，明細，支給集計表，支払依頼書等 ← ／ 支給集計表 ← 社員別賞与データ ／ 支払依頼書 ← 振込入力 ／ 振込データ（承認前）		給与計算システム ／ IBシステム
		承認	承認		
計上・支払		各社員賞与明細 ←		＜会計担当＞支給集計表／支払依頼書 → ＜支払＞プロセス	会計システム

【情報入力】

　通常，支給される賞与金額は取締役会等の経営層による意思決定により承認されます。承認された内容は人事部門により給与計算システムに入力され，給与と同様に社会保険料等の計算やその後の処理が行われます。

【賞与計算】【計上・支払】

　ほぼ「給与計算」フローと同じなので説明は割愛します。

（3）賞与引当金

　賞与引当金とは，期末において翌期以降に賞与として支給される見込みの金

額について設定される引当金のことをいいます。なお，引当金とは将来において費用または損失が発生することが見込まれる場合に，当期に帰属する金額を当期の費用または損失として処理し，それに対応する残高を貸借対照表の負債の部（または資産の部のマイナス）に計上するものです。

たとえば決算日が3月31日，賞与支給月が6月（評価対象期間：前年10月～3月）と12月（評価対象期間：4月～9月）であった場合，3月末には評価対象期間10月～3月に提供された役務に対して具体的に誰にいくら払われるかは決まっていないものの翌期の6月にその分の賞与が支払われることは決まっていますので，賞与引当金を見積り計上するとともに対応する金額を費用処理する必要があります。

図表9－2は評価対象期間Bの賞与について，3月末時点で想定していたのが賞与3,500,000円で関連する社会保険料等が583,450円，実際発生額が賞与4,000,000円で関連する社会保険料等が666,800円になったケースです。

【図表9－2　賞与引当金イメージ】

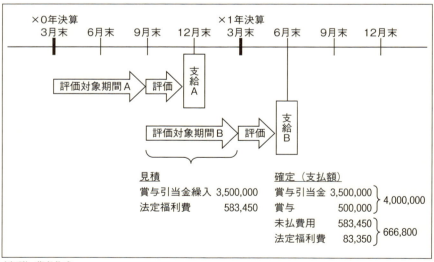

（出所）著者作成

仕訳で示すと以下のとおりとなります。

第9章　給与・賞与・退職給付　　151

＜×1年3月末＞賞与引当金計上

（借）賞与引当金繰入額（費用）	3,500,000	（貸）賞与引当金（負債）	3,500,000
法定福利費（費用）	583,450	未払費用（負債）	583,450

※賞与見込額の総額について賞与引当金を計上するとともに，見合いの法定福利費（会社負担分）についても計上します。なお，両者とも損金不算入であり税務上は確定時まで加算調整します（「第12章　法人税申告業務　第3節　確定申告　（1）申告額算定」参照）。

＜×1年6月＞賞与支払

（借）賞与引当金（負債）	3,500,000	（貸）現金預金（資産）	3,069,700
従業員賞与（費用）	500,000	預り金（負債）	930,300

※上記のように賞与が想定より多かった場合は追加で従業員賞与を追加費用として計上し，源泉所得税や健康保険料を控除したうえで従業員に支払を行います。なお，実際の賞与支給額が賞与引当金より小さかった場合は，計上しすぎた引当金について取り崩した分の「賞与引当金戻入」（収益）が計上されます。

＜×1年7月＞社会保険料・源泉所得税の支払

（借）未払費用（負債）	583,450	（貸）現金預金（資産）	1,597,100
法定福利費	83,350		
預り金（負債）	930,300		

※この例では便宜的に社会保険料等をまとめて仕訳を計上していますが，実際には法定福利費や預り金は社会保険の種類ごとに（枝番や補助科目で）分けて管理します。源泉徴収，社会保険，および労働保険は支払先が異なり，原則として源泉所得税と社会保険料は翌月払い，労働保険は年1回支払いと納付スケジュールも違うためです。

　実務では計算シート（図表9-3）で見積計算をします（A～Iが賞与および従業員の社会保険料等の計算，①～⑦が会社負担の社会保険料等の計算）。

　これは期末に賞与引当金を計上する例ですが，月次決算のために前年度実績等をベースに毎月末に概算で引当計上し，翌月初に洗い替えるのが一般的です。

　なお，賞与引当金の計算も基本的には従業員ごとに見積りを行うため，給与計算と同様に個人情報の保護の観点から人事部で見積りを行い，その結果のサマリーを経理部に共有するのが一般的です。賞与引当金を管理する部署が分かれている結果，賞与引当金の計上額と実際支給額の差異分析と見積り方法の見直しがおろそかになるケースがあるので注意が必要です（ちなみにこの事例では引当て3.5百万円に対し実績が0.5百万円もズレており，見積り方法の見直しが必要なレベルです）。

【図表9－3　賞与引当金計算シート】

【参考】計算前提となる料率→　　　　　個別料率※　　　5%　　　9.15%

部署	氏名	年齢	扶養親族	基本給	支給月数	A 賞与支給見積額	B 所得税	C 健康保険従業員負担	D 厚生年金従業員負担
○部△課	Aさん	23	0	250,000	2	500,000	17,531	25,000	45,750
○部△課	Bさん	26	1	300,000	2	600,000	31,555	30,000	54,900
○部△課	Cさん	30	3	350,000	2	700,000	49,086	35,000	64,050
○部△課	Dさん	35	2	400,000	2	800,000	84,147	40,000	73,200
○部△課	Eさん	42	1	450,000	2	900,000	110,443	45,000	82,350
					合計	3,500,000	292,761	175,000	320,250

0.6%　　　0.91%　　　　　　　　　　　　　　　5%　　　9.15%　　　0.95%

E 雇用保険従業員負担	F 介護保険従業員負担（40歳以上）	G 所得税課税標準 A－(C+D+E+F)	H 所得税率決定のための仮前月給与（＋残業・手当で仮に10%増）	I 支給額 A－(B+C+D+E+F)	① 健康保険会社負担	② 厚生年金会社負担	③ 雇用保険会社負担
3,000		429,250	236,088	408,719	25,000	45,750	4,750
3,600		515,100	283,305	479,945	30,000	54,900	5,700
4,200		600,950	330,523	547,664	35,000	64,050	6,650
4,800		686,800	377,740	597,853	40,000	73,200	7,600
5,400	8,190	772,650	424,958	648,617	45,000	82,350	8,550
21,000	8,190			2,682,799	175,000	320,250	33,250

0.91%　　　0.3%　　　0.36%

④ 介護保険会社負担（40歳以上）	⑤ 労災保険	⑥ 子ども・子育て拠出金	⑦ 法定福利費合計（①～⑥）
4,550	1,500	1,800	83,350
5,460	1,800	2,160	100,020
6,370	2,100	2,520	116,690
7,280	2,400	2,880	133,360
8,190	2,700	3,240	150,030
31,850	10,500	12,600	583,450

※「社会保険料控除後の賞与の額」Gに「賞与が支給される月の前月の社会保険料控除後の給与の額（各種手当・残業代なども含む）Hと扶養人数で決定した所得税率（国税庁「賞与に対する源泉徴収税額の算出率の表」）」を乗じます。
（出所）著者作成

（4）役員報酬と役員賞与

　役員報酬と役員賞与は広義にはどちらも役員報酬ですが，役員報酬は毎月定額で支払うもの，役員賞与は特定のタイミングで支払うものを指します。

【会社法上の取扱い】

　取締役の報酬等は「お手盛り」防止のために株主総会の決議によって定める必要がありますが，通常は役員報酬の総額の最高額を株主総会で定め（年間○千万円等），各取締役への配分は取締役会に一任することが多いです。さらに取締役会が代表取締役に報酬の決定を一任することも判例で認められています。

　一度総額の枠を決めてしまえば翌年度以降も改めて株主総会の決議を取得する必要はありません。

　他方，監査役の報酬については取締役会に一任することはできません。これは，監査役が取締役の職務執行を監査するために株主によって選任され，会社から委任された存在として独立性を確保する必要があるからです。ただし取締役と同様に監査役が複数いる場合はその総額の最高額を株主総会で定めることができ，この場合は監査役間の協議で監査役ごとの報酬を決めます（なお，監査等委員会設置会社なども，概ね同様の考え方で報酬を決めます）。

【税務上の取扱い】

　役員報酬は法人税法では損金不算入となり経費として認められないのが原則です（役員にとっては所得税法上の給与所得となります）。これは役員報酬が制限なく損金算入されると経営者が意図的に税額を減らすように役員報酬を調整することが可能となるためです。

　ただし，以下の3つにあたる場合は損金算入が認められています。

①定期同額給与	事業年度を通じて毎月の支給額が同額である場合，損金算入できます。報酬額を変更できるのは原則期首から3カ月以内に限られますが，役員の地位等の変更や経営状況の著しい悪化がある場合は減額が可能です。
②事前確定届出給与	指定した日付に確定額を支払う場合で事前に税務署に届出を行えば損金算入できます。
③業績連動給与	「報酬の算出方法が所定の指標を基礎とした客観的なものである」，「有価証券報告書に記載・開示している」，「同族会社の場合，非同族会社との間で，その非同族会社による完全支配関係が構築されている場合」を満たす場合，業績に連動した報酬額を損金算入できます。

3 退職給付

（1）退職給付制度

　多くの会社では退職金制度を導入しており，労働の対価として退職後に従業員へ支給する退職金（退職給付）に対して会社が負っている支払義務の発生と残高がある場合は財務諸表に反映する必要があります。

　退職金は退職後に支給されるものではありますが，入社してから退職するまでの労働の対価として支払われるので，会社は従業員の労働の対価を費用として毎期計上する必要があります。

　会社が採用する退職給付制度には大きく「確定拠出制度」と「確定給付制度」があり，退職金規程で定められ，その運用を外部機関（共済制度）に委託したりします。

　両者の決定的な違いは，「確定拠出制度」は従業員が自己責任で運用するので従業員にとっては将来の給付額が決まっておらず会社は外部機関に毎期一定額を拠出した後の責任を負わない（会社のBSに債務として残らない）のに対し，「確定給付制度」は会社が外部機関を通じて運用しますが将来の退職時に従業員に対して一定額の給付をする責任を有し，運用実績が悪いと会社が補填する必要がある点です。

①確定拠出制度

　確定拠出制度には「企業型確定拠出年金」，「中小企業退職金共済（中退共）」，「特定退職金共済」があります。

　会社は毎月確定拠出額を支払います。企業型確定拠出年金については運用を委託した（厚生労働省と金融庁の承認を受けた）銀行，証券ないし保険会社等に，中退共と特定退職金共済については当該共済に対し，会社から毎月確定額の掛金を拠出します。

　これらの会社が負担する掛金は損金算入が可能で，要拠出額をもって費用処理します。

　たとえば確定拠出で３月の会社負担の掛金を４月に支払う場合は，以下の仕

第9章　給与・賞与・退職給付　155

訳となります。

＜3月仕訳＞

| （借）退職給付費用（費用） | ×××　（貸）未払金（負債） | ××× |

＜4月仕訳＞

| （借）未払金（負債） | ×××　（貸）現金預金（資産） | ××× |

②確定給付制度

　確定給付制度には「退職一時金制度」，「厚生年金基金制度」，「確定給付企業年金制度」があります。

　「退職一時金制度」では会社は内部積立（つまりBS計上資産）で会社が直接退職者に支払を行い支払時に損金算入され，後者2つは外部積立を行い掛金拠出時に損金算入され外部機関が退職者に支払を行います。

　いわゆる「退職給付会計」が適用されるのはこの「確定給付制度」です。

　退職給付会計の簡便法は，期末要支給額を用いて引当金を計上する方法で簡単であり，従業員が300人未満の小規模会社等で認められています。

　原則法は，BSサイドからみると「将来の従業員への支払義務の現在価値（退職給付債務（PBO，Projected Benefit Obligation））から支払のために積み立てられている資産の公正価値（年金資産）を差し引いた金額に未認識項目を加減算し，掛金拠出額と従業員への給付額を加味して退職給付引当金を算出し，その増加額」が退職給付費用となります。PLサイドからみると「退職給付費用＝勤務費用＋利息費用－期待運用収益±過去勤務費用の償却額±数理計算上の差異の償却額±会計基準変更時差異の償却額＋臨時支給された退職給付額等」で算定されます。

　退職給付会計の原則法はかなり複雑なので，計算ロジックについてはこれ以上踏み込みません。必要に応じて簿記・会計の参考書・専門書をご参照ください。

　他方，必要な外部レポートの取得も含めた業務フローについては，簿記検定や会計士試験では触れられていないので業務フローに着目して説明します。

（2）業務フローチャート（確定給付制度における期末業務）

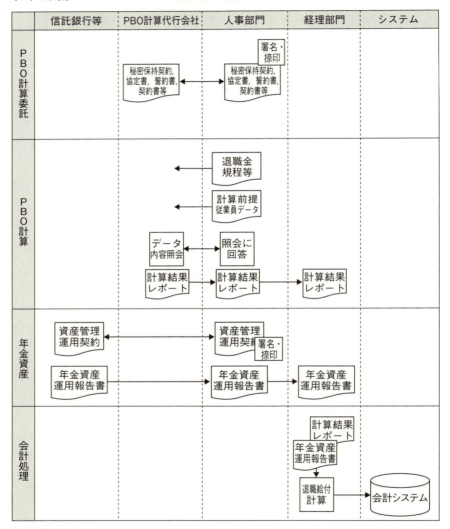

【PBO計算委託】

　PBO計算を外注する場合，PBO計算を代行する会社との間で秘密保持契約等を含む契約を締結します。退職給付計算に使用する従業員の情報は個人情報

第9章　給与・賞与・退職給付　　157

であり，また退職給付規程等の社内規定も通常は社外秘であるためです。

　退職給付会計に必要な退職給付債務等の計算は一般に外部に委託することが多いですが，これは退職給付会計の原則法には複雑な計算が必要であることに起因します。さらにいうと，原則法を採用するような会社は規模が比較的大きく法定監査を受けることが義務づけられていることが多いですが，監査ではほぼ確実に退職給付会計の原則法のエビデンスとして外部専門家（年金数理人／アクチュアリー）のレポートの提出が求められるため，自社で計算してから別途外部レポートをとるくらいなら，初めから外部専門家に委託して計算からレポート作成まですべてやってもらったほうが簡単だからです。

【PBO計算】

　人事部門は事前に退職給付規程等の会社のルールをPBO計算代行会社（以下，委託先）に共有します。

　PBOの見積計算の基礎（割引率，死亡率，予想昇給率，退職率など）について委託先とすり合わせて決定します。なお，会社の方針としてどのような方法で割引率を算定するか（イールドカーブ直接アプローチ，イールドカーブ等価アプローチないしデュレーションアプローチ等），死亡率・退職率・予想昇給率等の算定頻度（○年ごと）なども委託先と相談して決めておく必要があります。

　従業員データとして，各従業員の生年月日，勤続年数，基本給，受給権情報，退職者情報，ポイント制におけるポイント等を委託先の求めに応じて提出します。

　見積計算の基礎情報や従業員データについては，委託先がその妥当性や整合を確認して必要に応じて人事部門に照会を行ってくるので，適時に回答します。

　委託先から計算結果レポートが送られてきたら提供したデータと照合し，問題がなければ経理部門に共有します。

【年金資産】

　人事部門は年金信託契約を締結した信託銀行等から年金資産運用報告書を入手し，経理部門に共有します。

【会計処理】

　経理部門にて退職給付債務の計算結果レポートや年金資産運用報告書をベースに，退職給付引当金および退職給付費用を計算します。

　会社ごとに作成した退職給付計算のワークシートを用いて計算するのが一般的ですが，PBO計算代行会社によっては自社に合ったワークシートのひな形を提供してくれるのでうまく活用しましょう。ただしそうはいっても退職給付計算は複雑なので，誰が担当しても結論に影響が出ないように算定手順を丁寧にマニュアル化しておくことが大切です。

　ワークシートで算定した仕訳は会計システムに投入されます。

（借）退職給付費用（費用）　×××　　（貸）退職給付引当金（負債）　×××

　退職給付会計の処理は複雑ですが，最終的に計上される仕訳はシンプルです。

第**10**章

契約管理

1	契約管理
	（1）締結管理の必要性
	（2）業務フローチャート
	（3）締結済契約管理の必要性

　契約管理が不適切だと，契約相手に適時・適切に自社の権利を主張することができなかったり，トラブルが発生した時に想定外の損失が生じる可能性があります。また，単純に必要なときに必要な契約情報を簡単に利用できるようにしないと，探す手間やスピード感の観点で効率が悪くなります。

　契約管理は主に法務部や営業部の視点で重視されますが，契約書は会計処理の根拠となる重要な証憑でもあるので経理目線でも非常に大切です。

1 契約管理

（1）締結管理の必要性

　締結管理は，取引先等との間で締結する契約の内容などを管理する行為です。

　取引先等と直接やり取りを行うのは主に営業担当者ですが，契約の内容については営業部の上長が承認する必要があります。これは適切な上位者のレビュー・承認がないと担当者による仕入先からのキックバック受領，取引先の資金繰り援助目的で取引が悪用される等の不正が行われるリスクがあるからです。

　また，必要に応じて契約に最低限記載すべき事項が漏れていないことを法務部が確認のうえで承認する必要があります。これはたとえば，反社排除条項の記載が漏れていると，取引相手に反社会的勢力が含まれていることが後に発覚した場合，反社排除条項によらずに債務不履行等に基づき契約解除することは困難であり，その結果，反社会的勢力との関係を継続せざるを得なくなってレピュテーションリスクとなることなどが考えられるからです。

（2）業務フローチャート（締結管理，締結済契約管理）

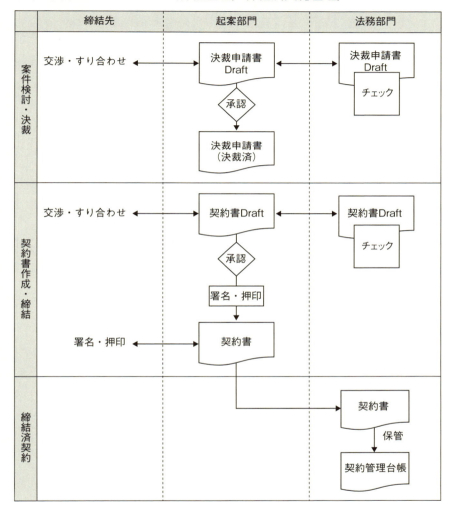

【案件検討・決裁】
　重要性の程度や定型的かどうかに応じて，契約を締結する部門の担当者は契約締結先との交渉・すり合わせ等をベースに契約締結のための決裁申請書（図表10-1）を作成し，必要に応じて決裁申請書および契約書ドラフトについて

法務部門のチェックを受けます。その後，部門内で回付し上長の承認を取得します（重要性等に応じて取締役会等まで承認）。

【図表10－1　決裁申請書】

決裁申請書（　新規　・　内容変更　）						
社長	管理部長	所属部長		申請番号		
				決裁申請日		
			申請者	所属		
月　日	月　日	月　日		氏名		
				社員No.		
件名						
内容						
決裁条件						

（出所）著者作成

【契約書作成・締結】

　担当者は承認された決裁申請書の内容に従って契約書のドラフトを作成し，契約締結先と詳細を交渉・すり合わせをするとともに，社内においても必要に応じて法務部門によるチェックを受けます。

第10章　契約管理　　163

　契約書の内容が決裁申請の内容に沿ったものであることを上長が確認・承認のうえで，「署名・印章等管理規程」に基づいて公用印申請書ないし公用印管理簿（図表10−2）にて印章等の管理者の承認を取得し，契約書に署名・押印します。

　契約締結先についても署名・押印を取得し，契約が締結されます（通常は相手方の分と合わせて2通）。

──☞ Appendix　10. 署名・印章等管理規程　参照

【図表10−2　公用印申請書，公用印管理簿】

公用印申請書

申請日　：　　年　　月　　日

申請部署	
件名・書類名	
印章種別	代表署名・代表印・銀行印・角印　（いずれかに○）

内容

社長	財務経理部長	財務経理課長	営業部長	課長	申請者

代表署名・代表印：課長→営業部長→社長
銀行印：財務経理課長→財務経理部長
角印：課長→財務経理課長

公用印管理簿								

年度　　2023
No.　　00001

No.	日付	押印文書				起案者		承認者	
		文書番号	文書タイトル	相手先	押印数	氏名	印	氏名	印
1									
2									
3									
4									
5									
6									
7									
8									
9									
10									
備考									

（出所）著者作成

【締結済契約】

　締結済みの契約書は法務部にて契約管理台帳に反映したうえで保管されます。

（3）締結済契約管理の必要性

　締結済契約管理は，過去に締結した契約を管理することをいいます。契約書自体が権利を主張するために重要なのはもちろんですが，締結済契約管理を適切に行うことは，業務の効率性や情報セキュリティの観点からも重要です。

　契約書を紛失したら，契約書の記載内容をもって損害賠償を請求したり契約を解除する措置を取ることで自社を守る必要があるときに，契約条件や期間を確認することができず，必要な措置を講じることが難しくなります。また，契約書の管理が不適切だと契約書を探すのに余計な時間がかかってしまいます。

　また，契約には，期限到来時に自動的に更新されるものもあれば，解除されるものもあります。契約期限を把握し，延長や解除に手続が必要なものについては，必要に応じたアクションが必要です。気がついたら契約が解除されてい

第10章　契約管理　　165

た。あるいは不要な契約が自動で更新されていた，という事態を避けるためにも，契約管理が必要です。

　これらの管理のために以下のような内容を記載した契約管理台帳（図表10-3）を作成することが有用です。

・契約番号・契約名・契約書種類（販売，購買，総務，知財，労務，その他など適宜）・契約内容・締結先名・締結先担当者連絡先・契約締結部署・契約管理部署・担当者名・契約締結日・自動更新有無・契約開始日と終了日・契約解除通告予定日・原本保管場所（キャビネNo.など）・契約ステータス（承認申請中，先方確認中，契約期間中，契約終了など）

【図表10-3　契約管理台帳】

契約管理台帳
○○部

契約番号	契約名	契約書種類	契約内容	締結先名	締結先担当者	契約先住所	保証

⋮

与信限度額	契約締結部署	担当者名	契約締結日	自動更新有無	契約期間	契約終了日	原本保管場所	備考

⋮

（出所）著者作成

第**11**章

決算業務

1 決算とは
2 事前準備
（1） 決算方針策定
（2） スケジュール策定
（3） 経理部門内担当割
3 決算手続
（1） 関係部サポート　　（2） 売上高確定
（3） 売上原価確定　　　（4） 共通費配賦
（5） 仮勘定整理　　　　（6） 経過勘定計上
（7） 長短債権債務整理　（8） 勘定残高精査
（9） 見積項目計上　　　（10） 社内勘定整理
（11） 外貨建取引　　　　（12） 試算表・元帳・BS・PL作成
（13） 決算確定
4 役員報告
（1） 役員報告資料作成
（2） 監査役による監査対応
（3） 取締役会上程
5 監査法人による監査への対応（必要な場合）
（1） 対応事前準備
（2） 往　　査
（3） 経営者確認書および監査報告書
6 開示・配当
（1） 有報・計算書類等作成
（2） 監査法人等のチェック・招集通知など
（3） 剰余金の配当

　決算業務は，他のプロセスにより収集された会計情報に基づいて，主として開示情報を作成するプロセスであり，経理部門が中心に担当します。

1 決算とは

　決算とは1会計期間（月次・四半期・半期・年度など）の仕訳等を整理し，その期間に発生した損益を損益計算書（Profit & Loss Statement，PL）で計算して，翌会計期間に貸借対照表（Balance Sheet，BS）で繰り越す勘定残高を確定し，PLとBSに基づいて資金の流れを説明するCF計算書（Cash Flow Statement，CF）などの財務諸表等を作成するまでの一連の手続のことをいいます。

　決算書には，「金融商品取引法（金商法）」に基づくもの（財務諸表）と「会社法」に基づくもの（計算書類）があります。

　「金商法」ではBS・PL・CFは財務三表ともいわれ，特に重要な財務諸表です（他に株主資本等変動計算書，附属明細書など）。

　多くの中小企業は1年に一度「会社法」のみに基づいて決算すればよく，「会社法」が要求する計算書類にはCFは含まれないためBS・PLのみを作成している会社が多いです（他に株主資本等変動計算書，個別注記表など）。

　これらの情報は役員へ報告され，会社法に基づき取締役会の承認を経て株主総会で計算書類等により報告されるとともに，金商法で開示が義務づけられている会社では有価証券報告書（有報）等にて広く公に開示されることになります。

　なお，これらの情報の信頼性を担保する目的で，監査人等による監査が実施されます。

　本章では具体的な会計処理の個別事項には踏み込まず，決算の概要と実務的な業務の流れについて説明します。より具体的な各種の会計処理については簿記・会計の参考書・専門書等を参照してください。

──☞ 第16章　2．（8）経理規程　参照

2 事前準備

（1）決算方針策定

　一般に会計方針や会計処理は毎期継続して同じものを適用するので，会計基準等や税務の制度変更対応が必要な場合や，会社にとって初めて生じた取引がある場合に，どのような会計方針等を採用するかを決算に先立ち検討する必要があります。監査人や税理士とすり合わせながら方針を決めていくのが一般的です。

　また，決算予測値（PLだけでなくBSに基づく分配可能限度額の算定，資金繰りも加味）に基づいて，株主配当をいくら実施するかを検討します。

　本決算に入る前に上記の会計方針等，決算予測値，株主配当方針を経営層に報告します。

（2）スケジュール策定

　決算日程の候補についても経営層に報告・相談していきます。

　ここで経営層に相談する決算日程は「金商法に基づく財務諸表作成や会社法に基づく計算書類等の作成のための手続スケジュール」，「金商法の決算発表・決算説明会日程，会社法の株主総会日程・招集通知発送日・監査役等への書類提出日」，「金商法・会社法ともに会計監査日程や取締役会付議日程」などを指します。

　これらの日程は各法律に基づいて定められている「期限」を遵守して決める必要があります。

　金商法では，一般の上場会社等について有報は期末から3カ月以内，半期報告書は半期末から45日以内に提出が必要です。東京証券取引所等の上場規程では四半期ごとの決算短信は45日以内の開示が適当とされています。会社法については少し複雑なのでここでは割愛しますが，多数出版されている会社法決算の実務書では必ず説明されていますので，参照してみてください。

　なお，親会社が連結財務諸表を作成しているグループの子会社である場合は，親会社への連結RP（Reporting Package，BS・PLや補足情報等の報告）の提

出を前提としたスケジュール策定が必要となります。

株主総会開催や計算書類等については総務部や法務部が関与するため，経理部門だけでなく関係各部とも連携して候補日程を決めていく必要があります。

上記のような大枠での日程の承認取得後に，逆算する形でCFの締日，BS&PLの締日，各仕訳の締日や関係各部からの資料の提出期限等を具体的な日程に落とし込みます。

細かい日程を定めるまでには時間がかかりますので，まずは各部での仕訳・経費等の締め切りを優先的に通知し（通常は「毎月の〇日まで，第〇営業日まで」とほぼ確定している），その後に資料の提出期限等の細かい日程について関係各部に通知します。

（3）経理部門内担当割

過去の担当割をベースに，当期の担当割を策定します。

策定にあたっては業務の平準化・公平化やローテーションを行い，経理部員全体のスキルアップを促すとともに，担当者の不慮の状況（事故や病気で出社できない等）をほかの経理部員がカバーできる体制を整えましょう。

担当を決めるにあたっては，上位者ないし相互のチェックが行われることが望ましいです。

各担当の業務は細分化・マニュアル化して見える化を図ることにより，適切な分担を行うことやローテーションをスムーズに行うことが可能となります。

③ 決算手続

（1）関係部サポート

経理処理に関する問い合わせ対応を行い，各部の計上が適時適切に行われるようサポートします。必要に応じて経理規程・細則等だけではなく個別に「決算留意事項」を作成し通達することを検討します。

また，決算手続に必要となる各種資料を関係部から収集するために「決算提出資料一覧表」（資料名，提出期日，提出部署，経理部門担当者，使用目的，ブランクフォーム・記載要領の格納場所等を記載したリスト）を作成し，関係

部に協力依頼を行います。

（2）売上高確定

売上高は特に誤りや粉飾が起こりやすい科目の1つであるため，予算比較，月次推移分析などを行い，増減や差異が大きい営業部についてはその原因を確かめるとともに，誤った計上がなされていないかをチェックします。

（3）売上原価確定

売上原価は「期首商品棚卸高＋当期商品仕入高－期末商品棚卸高」で算定されます。棚卸資産管理で実施する実地棚卸の結果を反映するとともに，売上高と同様に予算比較，月次推移分析などを行いチェックします。

（4）共通費配賦

会社の各営業部は利益責任単位なので，各部の利益を大きく左右する共通費の配賦方法は非常に重要です。配賦基準はビジネスの性質や間接部門の性質により，単独ないし複数の配賦方法を適用することが考えられます。たとえば，人事部に係る間接部門コストは人頭基準（従業員数が多いところに大きく配賦），投下資本に対する収益性を重視するのであれば使用資本基準（投下資本が大きいところに大きく配賦），売上高に応じて間接費が大きくなるビジネスなら売上高基準（売上高が大きいところに大きく配賦）などが挙げられます。

会社の方針（1人当たり収益性を重視，投下資本収益性を重視など）に向かうインセンティブとなるように設定することがポイントです。

（5）仮勘定整理

正式な会計処理が不明確であるとして期中に使用された仮勘定（仮払金，仮受金等）について，あるべき科目に振り替えます。

仮払金は，緊急時ないし異例の支出で科目が定まっていない場合，出張旅費，金額が定まっていないが従業員が一時的に負担するには大きい一定額以上の支払が予想される場合に支出され計上されることがあります。

仮受金は，現金等を受け取ったが内容が未確定の場合に仮科目として計上さ

れることがあります。

これらは内容や金額が確定し次第，正当な会計処理に振り替えます。

（6）経過勘定計上

費用や収益を現金等の入金・支払時に計上するのではなく，その費用や収益を認識すべき期間に正しく計上するために，経過勘定を使用します。

経過勘定は「前払費用」，「未払費用」，「前受収益」，「未収収益」の4つです。

たとえば「前払費用」とは，一定の契約に従い継続して役務の提供を「受ける」場合に「いまだ提供を受けていない」役務に対し「支払われた」ものをいいます。具体的には，家賃を1年分前払いしている場合で期末において前払いした期間が残っている場合は，いまだ提供を受けていない役務に対し支払われた金額が残っているので，支払った金額の全額を費用処理するのではなく，残った金額を前払費用という資産の勘定に計上しておき，期間の経過に応じて費用処理していきます。

	一定の契約に従い継続して役務の提供を（　　）場合に	（　　）役務に対し，	（　　）ものをいう。
前払費用	受ける	いまだ提供を受けていない	支払われた
未払費用	受ける	すでに提供を受けている	支払われていない
前受収益	行う	いまだ提供していない	支払を受けた
未収収益	行う	すでに提供した	支払を受けていない

費用や収益を発生した期間に計上し期間損益の適正性を確保するために，経過勘定を用いて見越・繰延の会計処理を行います。

一般に金額的重要性により，経過勘定計上の要否を決めることも許容されます（たとえば，○万円未満の取引については経過勘定の計上は不要とするなど）。

（7）長短債権債務整理

前払費用のうち期末日後1年超で費用になる部分を長期前払費用に振り替えます。同様に前受収益のうち期末日後1年超で収益になる部分を長期前受収益に振り替えます。

借入金のうち期末日後1年超で返済期限が到来する金額については長期借入

第11章　決算業務　　173

金に計上します。同様に貸付金のうち期末日後1年超で回収期限が到来する金額については長期貸付金に計上します。

ただし1年内に費用・収益になる，ないし1年内に回収等期限が到来する金額が僅少な場合はすべてを長期に含めて記載することができます。

（8）勘定残高精査

取引先ごとの勘定残高の赤残（マイナス残高）がないか，各種帳簿間の不整合がないか，その他金額的に大きすぎるないし小さすぎるなど，さまざまな角度から各勘定残高をチェックし，誤りがないかを確認します。

また，第1章から第7章までの各章の資産残高に対する実査，棚卸，確認，滞留管理などの手続も勘定残高精査の重要な手続となります。

（9）見積項目計上

財務諸表に含まれる金額のうち，資産および負債や収益および費用等の金額を確定するための情報が不足している場合に，その時点で入手可能な情報に基づいて金額を見積もって計上することを「会計上の見積り」といいます。

会計上の見積りには「各種引当金（貸倒引当金，賞与引当金，退職給付引当金等）」，「減損（有形・無形固定資産，有価証券等）」，「繰延税金資産の回収可能性」などがあります。

会計上の見積りはそれぞれ一定の計算方法が会計基準で定められており，具体的な計算方法は簿記・会計の参考書・専門書等でご確認いただければと思いますが，すべてが客観的に定められているわけではなく「判断」が含まれるため，計上にあたっては必要に応じて経営層による承認が必要となる点に注意が必要です。

──☞ Appendix　11．見積項目計上要領　参照

（10）社内勘定整理

社内勘定とは，主に本支店間や事業部間で行われる取引を仕訳するための勘定のことです。

たとえば，A事業部で製造した製品をB事業部に送ると，A事業部では「社

内売上」と「社内売掛金」という勘定で記帳し，B事業部では「社内買掛金」と「社内仕入」という勘定で記帳することになります。

会社としてみれば社内で製品が移動したにすぎないため，会社の決算ではこれらの科目は相殺消去されBSやPLには計上されません。

(11) 外貨建取引

外貨建取引とは，売買をはじめとする取引（借入，貸付，前渡金…etc.）の価額が外国通貨で表示されている取引をいいます。日本国内の企業の大半は「円貨」で財務諸表を作成しますが，外貨建取引を行ったり期末に外貨建の資産・負債を持っている会社は，財務諸表においては円貨で表示する必要があるため，これらの外貨額に為替レートを乗じて円貨に変換する必要があります。

為替レートは原則としてTTMレートを使用します。TTMレートはTelegraphic Transfer Middle Rateの略で，TTS（Telegraphic Transfer Selling Rate，売値）とTTB（Telegraphic Transfer Buying Rate，買値）の中間値（仲値）です。

＜取引発生時＞

外貨建取引は原則として取引発生時の為替レートにより換算し計上します（実務上は前月末レート等を使用することもあります）。

たとえば，100ドルで商品を売り上げたとき，その日のTTMが140円/ドルだった場合は，100ドル×140円/ドル＝14,000円の売上を計上します。

		外貨	円貨			外貨	円貨
（借）売掛金（資産）		$100	14,000	（貸）売上（収益）		－	14,000

ただし，外貨建取引高のうち，前渡金または前受金が充当される部分については，前渡金または前受金の金銭授受時の為替相場による円換算額を付し，残りの部分については，取引発生時の為替相場により換算します。

＜決済時＞

外貨建金銭債権債務の決済に伴って生じた損益（帳簿価額と実際の円貨の入出金の差異）は，原則として当期の為替差損益として処理します。

第11章　決算業務　175

　たとえば，上記の例で代金の決済時のTTMが135円/ドルだった場合は，販売時から決済時までに生じた為替変動により，決済差額が100ドル×5円/ドル＝500円発生し，当期の為替差損益として計上します。

	外貨	円貨			外貨	円貨
（借）現金預金	$100	13,500	（貸）売掛金		$100	14,000
為替差損益	－	500				

＜期末時＞

　外国通貨および外貨建金銭債権債務については，決算日までの為替レート変動により円貨額も変動するため，決算日レートによる換算替えが必要となり，換算差額は為替差損益として処理します。

　たとえば，上記の決済が翌期以降となり期末をまたぐ場合は，期末日BSに外貨建債権が計上されることになり，期末日TTMが143円/ドルだった場合は，販売時から期末日までに生じた為替変動により，換算差額が100ドル×3円＝300円発生し，当期の為替差損益として計上します。

	外貨	円貨			外貨	円貨
（借）売掛金	－	300	（貸）為替差損益		－	300

　なお，実務上は，期末に生じた上記仕訳は翌期首に逆仕訳を切ることで戻し，決済時には取引時の為替レートとの差額により計上する処理を行います。

＜外貨建有価証券＞

　外貨建有価証券のうち売買目的有価証券，満期保有目的の債券，その他有価証券について期末に保有している場合には，決算日レートによる換算替えが必要となります。換算差額は売買目的有価証券は有価証券運用損益，満期保有目的の債券は為替差損益，その他有価証券は原則として評価差額として処理します。

　他方，子会社株式および関連会社株式は換算替えせず取得時レートのままです。

＜為替予約等＞

　会社は為替相場の変動リスクを回避（ヘッジ）する目的で為替予約等のデリバティブ取引を行うことがあります。デリバティブ取引やヘッジ会計は会計処理や要件が複雑で中途半端な説明は誤解を招くおそれがあるので詳細は割愛しますが，為替予約等を行っている会社にとっては重要な論点です。

(12) 試算表・元帳・BS・PL作成

　試算表・元帳・BS・PLは通常は会計システムから出力されますので，各帳票は整合しています。

　これら帳票の基礎となる仕訳のうち，毎回決算で生じるものについては「決算整理仕訳一覧表」（図表11－1）を作成し，漏れが生じないよう管理します。

　また，経理部門は各帳票の数値について前年同期対比，予算対比，決算予測値対比などの増減分析や指標分析を行い，異常な決算数値が発生していないかを確認することで，正しく会計処理が行われているかの最終チェックを行います。

　会社によってはさらに個別CF計算書を作成します。

【図表11－1　決算整理仕訳一覧表】

2024年3月　決算整理仕訳一覧表

担当者	検証者	項目	借方	貸方	翌期首処理方法	備考
		前払費用の計上	前払費用	○○	洗替	「○○」は費用科目（支払家賃，支払利息等）
		未払費用の計上	○○	未払費用	洗替	「○○」は費用科目（支払家賃，支払利息等）
		前受収益の計上	○○	前受収益	洗替	「○○」は収益科目（受取手数料，受取利息等）
		未収収益の計上	未収収益	○○	洗替	「○○」は収益科目（受取手数料，受取利息等）
		売上原価の算定	棚卸資産	売上原価	洗替	期末棚卸資産残高をBS計上する。
		消耗品等の処理	その他流動資産	消耗品費	洗替	貯蔵品，切手，収入印紙など

	棚卸減耗費・商品評価損の計上（棚卸資産の整理）	棚卸減耗損・評価損	棚卸資産	塩漬	実地棚卸結果ないし在庫証明と帳簿残数を照合
	一般債権の貸倒引当金の設定	貸倒引当金繰入額	貸倒引当金	洗替	一般債権の貸倒引当金計算シートより
	貸倒懸念債権・破産更生債権の貸倒引当金の設定	貸倒引当金繰入額	貸倒引当金	塩漬	固定化債権一覧より
	退職給付引当金の計上	退職給付費用	退職給付引当金	塩漬	退職給付引当金算定シートより
	その他引当金の設定	○○引当金繰入額	○○引当金	塩漬	引当金計上稟議書より
	固定資産の減価償却費の計上	減価償却費	減価償却累計額	塩漬	固定資産台帳より
	のれんの償却	のれん償却費	のれん	塩漬	のれん償却スケジュールシートより
	法人税等の計上	法人税等	未払法人税等	塩漬	法人税，住民税及び事業税　算定資料
	税効果に関する仕訳	繰延税金資産	法人税等調整額	塩漬	一時差異一覧/税効果スケジューリングシートより
	期中取引の会計処理の誤りに係る修正仕訳			塩漬	
	期中取引の未処理事項の処理			塩漬	
	仮払金の整理	○○	仮払金	塩漬	
	仮受金の整理	借受金	○○	塩漬	

（出所）著者作成

(13) 決算確定

（1）〜（12）までの手続を経て，経理部門としてCFO等の適切な役職者の承認に基づき，決算数値を確定させます。

☕ コーヒーブレイク　〜BS項目の検証の重要性〜

　監査法人からは収益・費用，特に売上については母集団の多さや重要性から膨大なサンプルを要求されたりするため，重大な誤りを適時に発見し修正するためにはPL取引の検証が重要だと思いがちです。また多くの会社はPLを重視しており経営層からはPLの質問ばかりされがちなので，財務経理もPL分析ばかりを行いがちです。

　しかしPLは膨大な取引の積み上げからなるため，その検証により誤謬を発見することは容易ではありません。

一方，BSの検証に目を向けると，資産・負債・資本については残高確認，実地棚卸，実査，契約書との突合，勘定残高検証（増減分析，各種財務分析，赤残チェック，明細確認等を含む），滞留管理，会計システムと連携していない情報（販売管理システム，エクセルで作った計上基礎資料等）との残高照合を行うことで，かなりの部分の妥当性を検証することが可能です。

BSはPLをつなぐ連結環であり，極端にいえば期首と期末のBSが正しければ少なくともPLの当期純利益は正しいといえます。

日々の取引とそれに伴う会計処理を正しく行うことで，その積み上げからなるPLの正確性を上げることも大切ですが，財務経理はより少ないエビデンス等で確認が可能なBS項目の検証を行うことでBSおよびPLの正確性を担保する，という考え方も重要です。

要するに，PL検証も大事だけどBS検証も重要ですよ，という話です。

④ 役員報告

（1）役員報告資料作成

確定した財務諸表等は取締役会に上程されますが，その前に役員に対して以下のようなタイミングで報告を行います。

- ✓ 期末を迎える前に社内の各部から期末の着地（どのくらいの決算数値になりそうか）をヒアリングし，決算予測値を集計して役員に報告し，決算方針を策定します（前述の2.（1）決算方針策定を参照）。
- ✓ 決算作業がおおむね完了した段階（ex.経理部門一次締め後，監査法人による監査開始前）でしかるべき役員に速報値を報告します。
- ✓ 上場企業の場合，経理部門として決算作業が完了し，監査法人による監査も8割〜9割ほど終了した段階で，決算短信の公表に先んじて，決算数値（主に速報値との差）をしかるべき役員に報告します。
- ✓ 監査法人による監査手続が完了し決算数値が本確定した段階で，取締役会上程に向けた資料とともに，しかるべき役員に報告します。

なお，通常は予算や過年度数値との比較などの分析もあわせて報告します。

第11章 決算業務 179

（2）監査役による監査対応

具体的な内容は機関設計や監査役の監査範囲等により異なりますが，基本的に監査役は計算書類，事業報告および附属明細書を監査し，監査報告書によりその適法性について意見を表明し，取締役にその結果を通知します。

なお，法定の会計監査人がいる場合は，監査役はその監査の方法および結果の相当性を判断することで，会計監査人の監査結果に依拠して計算書類等の適法性について意見表明することができます。

（3）取締役会上程

取締役会とは，取締役により構成される株式会社の業務執行に関する意思決定機関であり，執行機関である代表取締役に対する監督機関です。会社法における計算書類および事業報告ならびに附属明細書は取締役会による決議（多数決による承認）が必要となります。

上程される計算書類等の作り方については，会社法施行規則で定められていますが，各大手監査法人が毎年計算書類作成マニュアルを発売しているので，それら作成マニュアルに従い最新の法令に基づいて作成することをお勧めします。

また，上場企業の場合は有価証券報告書や半期報告書等についても取締役会決議を必要としているのが一般的ですが，宝印刷やプロネクサスといった開示支援会社の提供するサービスを利用しつつ，監査法人の監査・レビューを受けて開示資料・上程資料を作成することになります。

5 監査法人による監査への対応（必要な場合）

財務諸表の監査の目的は，経営者の作成した財務諸表が，一般に公正妥当と認められる企業会計の基準に準拠して，企業の財政状態，経営成績およびキャッシュ・フローの状況をすべての重要な点において適正に表示しているかどうかについて，監査人が自ら入手した監査証拠に基づいて判断した結果を意見として表明することにあります。

翻って監査を受ける側の会社にとっての監査人の適正意見を入手する目的は，

市場等から資金を調達したり，取引先から仕入をしたり，得意先に販売したりするにあたり，自社の財政状態や将来性を示すうえで重要な情報である財務諸表が正しく作成されていて信頼しうるものであることを保証する第三者意見を取得することにあります。つまり，財務諸表が信用できなければ会社の財政状態も信用されず，そのような倒産のリスクがどのくらいあるかわからない会社にはお金を預けたり重要な調達先に指定したりできないと言われてしまうため，独立した専門家である監査人に「その財務諸表は信用できますよ」とのお墨付きをいただく必要があるのです。

　なお，会社法においては株主・債権者保護を目的として，会社法上の大会社（資本金5億円以上または負債総額200億円以上の株式会社）は会計監査人（監査法人・公認会計士）の監査が義務づけられています。

（1）対応事前準備

　監査を受けるにあたり，まず監査法人等に委嘱する必要があります。そのうえで監査法人等との間で会社法等により求められる法定の日程や監査役を含む経営層が求めるスケジュール，上場会社においてはさらに開示日程を前提として年間の監査日程のすり合わせを行います。

　監査スケジュールに応じて事前に監査法人から依頼される資料一覧（PBC（Prepared By Client）リスト）を入手し，往査（監査人等が監査を実施するために現場や会社に訪問する）日程に先立って準備を行います。通常は経理部門がPBCリストの内容と期限を確認し社内の担当者・部に振り分けます。

　また，往査前には前期比等の増減分析を実施し，特に監査人が質問したくなるような大きな増減の理由はあらかじめ把握しておくことで，回答が遅延したり誤った回答を行うことを回避できます（回答の遅延や誤りは監査人に疑念を抱かせ，監査人から追加手続を要求される要因にもなります）。

（2）往　　査

　監査人の往査への対応は原則として経理部門が行います。経理部門は監査人からの質問内容や要求事項を社内の対応部署が理解できる形に「翻訳」し，的確に伝えることが重要です。同様に対応部署の回答が監査人の意図した内容に

第11章 決算業務　　181

合致するように促し，監査手続を円滑に進めることが必要です。つまり，知識や目線が違う両者のコミュニケーションロスを調整する義務は経理部門にありますので，よく言われる「監査人の質問を理解できない」，「対応部署が必要な資料・回答を準備できていない」責任の一端は経理部門にもあります。

　なお，監査人への対応を行った場合は，監査対応報告書（メモ）を作成して記録を残しておきましょう。これは過去に監査人へ提出した資料や回答した内容と整合しない資料の提出や回答を行うことを回避したり，監査人との間で約束した事項を振り返るときに必要となります。

（3）経営者確認書および監査報告書

　監査手続がおおむね完了し監査の大詰めで監査法人から提出を要請されるのが「経営者確認書」です。これは「財務諸表の作成責任」，「内部統制を構築する責任」が経営者にあること，監査実施に必要なすべての資料を提出したことなどの監査意見の前提になる事項を経営者に確認する書類で，経営者が署名したうえで監査報告書発行前に監査法人に提出します（詳細を知りたい場合は，監査基準報告書580「経営者確認書」をご参照ください）。

　会社法上は，監査報告書は計算書類等とともに，会社法の定めた日までに監査役および取締役に監査報告の通知として提出されます。

　金商法上は，有報提出日と同日の監査報告書日としている会社が多いですが，有報提出日の2〜3日前を監査報告書日としている会社もあります。

6　開示・配当

（1）有報・計算書類等作成

　会社が対外的に開示する決算書類としては「計算書類等」，「有価証券報告書」，「半期報告書」，「決算短信」が代表的なものになります。これらのスケジュールは2．（2）スケジュール策定をご参照ください。本章の第2節から第5節の決算手続を経て上記開示書類を作成します。

　また，開示書類は財務諸表や計算書類だけではなく，金商法では注記情報や会社の概況から事業・設備の状況など，また会社法では注記表や事業報告から

附属明細書など，付随して開示すべき情報がたくさんありますので，必要に応じて作成する必要があります。

（2）監査法人等のチェック・招集通知など

　作成されたドラフトは監査法人や開示支援会社にチェックを依頼し，経理部門として最終化します。

　経理部門として最終化された開示決算書類は，「決算短信等」は監査法人等のチェック後に（ただし，決算短信は監査対象ではないので，監査法人にチェックする義務はなく，監査法人にチェックしてもらうかどうかは，個別に相談する必要があります），「有価証券報告書」と「半期報告書」は監査法人の監査報告書を添付して，「計算書類等」は監査法人等および監査役の監査を受け監査報告書を添付したうえで取締役会に上程・承認されます。

　取締役会で承認された「計算書類等」は株主総会の招集通知にも添付され，招集された株主総会にて承認決議ないし報告が行われます。

　なお，多くの上場会社では株主総会の「計算書類等」の承認ないし報告後に，電子開示システムEDINET経由で内閣総理大臣に「有価証券報告書」の提出・開示を行います。

（3）剰余金の配当

　剰余金の配当とは，剰余金を原資にして株主に金銭等を分配することをいいます。原則として，年度末の剰余金に基づいて株主総会の決議により決定・実行されますが，定款の定めがある会社では取締役会決議により事業年度の途中で中間配当を行うことができます。

　剰余金の配当は会社法で決められている分配可能額の範囲内である必要があり（分配可能額の算定はやや複雑なので本書では触れません），これを超えた配当を行った場合はいわゆる「蛸配当」といわれる違法配当となります。蛸配当を行ってしまうと配当が無効となるとともに，取締役は重大な損失補填義務を負わされる可能性があるので注意が必要です。

　安易に「利益剰余金の残高があれば配当が可能」であるかのように書かれた本もありますが大きな誤りです。数十年前の商法（昔の会社法）ではそれでよ

第11章 決算業務　183

かったのですが，今の会社法の分配可能額の算定は期中配当や自己株式についての調整などさまざまな調整項目があり，単純に「利益剰余金が残っているから配当可能」と判断することは非常に危険です。

　分配可能額の算定は監査対象ではないので監査人はその妥当性について指導する義務もなく，他方で会社法だからと弁護士に相談しても通常は「会計士に相談してください」としてタッチしてくれない分野です。したがって基本的には会社自らが会社法に従って算定せざるを得ないのですが，専門家の中では一般に公認会計士が一番精通している分野なので，監査法人等の公認会計士と日ごろから良い関係を築いておき，サポートをもらえるようにしておくとよいでしょう。

　なお，資本剰余金または利益剰余金の配当を行った場合，配当額の10分の1をその原資に応じて資本準備金または利益準備金として計上しなければなりません。この積立ては資本準備金と利益準備金の合計額が資本金の4分の1に達するまで行います。

　事業会社が配当するにあたっては「期末配当金計算書」（図表11-2），「配当金の振込先の確認について」（図表11-3）を発行します。「期末配当金計算書」は配当受領側の受取配当金計上のエビデンスとなり，「配当金の振込先の確認について」にて振込先に変更がないことを確認します。

【図表11-2　期末配当金計算書】

令和○年○月○日

○○株式会社
○○部御中

○○株式会社
代表取締役社長　○○

第○期　期末配当金計算書

拝啓　時下ますますご清栄のこととお喜び申し上げます。
弊社第○期（令和○年4月1日～令和○年3月31日）配当金は下記のとおりですのでご通知申し上げます。

敬具

記

ご所有株数	○○株
1株当たり配当金	○円○銭
配当金額	○円
徴収税額（源泉税率20.42%）	○円
税引後配当金額	○円
配当基準日	令和○年○月○日
配当決議日	令和○年○月○日

以　上

（出所）著者作成

【図表11－3　配当金の振込先の確認について】

令和○年○月○日

○○株式会社
○○部御中

○○株式会社
代表取締役社長　　○○

<u>配当金の振込先の確認について</u>

金融機関名
本支店名
口座名義人
預金種類
口座番号
株主名

ご指定の配当金振込先が上記のとおりであることをご確認ください。

なお，ご変更，訂正等がございましたら，当社株主名簿管理人へお届けくださいますようお願い申し上げます。

（出所）著者作成

第**12**章

法人税申告業務

1	日常対応
	（1）関係部署へのアドバイスと情報収集
	（2）税務署等への事前問い合わせ
2	中間申告
	（1）申告額算定
	（2）中間申告書提出
3	確定申告
	（1）申告額算定
	（2）申告書提出

　会社の支払う税金には法人税のほかに「地方法人税」，「法人住民税」，「法人事業税」，「消費税」，「源泉所得税」，「源泉住民税」，「固定資産税」，「事業所税」，「印紙税」などたくさんあり，それぞれ計算方法・支払タイミングが異なりますが，本章では一番重要な法人税のみ業務の流れを取り上げます。

　本章では具体的な税計算の個別事項には踏み込まず，実務的な業務の流れについて概要を説明します。より具体的な法人税法の計算については税理士・会計士試験等の参考書や他の専門書などを参照してください。

1 日常対応

（1）関係部署へのアドバイスと情報収集

会社の取引のうち，特に「税務調整が必要となる取引」や「税務調査で指摘されやすい取引」については，日常的に適切な証憑書類に基づいて適切な処理を行う必要があります。この責任は第一義的にはその取引を行う部署にありますが，他方で経理部門以外の部署は税務に対する専門性が高くないため，経理部門は各部署にアドバイスを行う必要があります。

また，税務申告を行ううえでは情報収集が必要となるため，必要な情報が経理部門に集まる仕組みを作ることが重要です（稟議等の決裁内容を閲覧する権限を経理部門に付与する，税務調整に必要な情報を経理部門に提出するルール等）。

（2）税務署等への事前問い合わせ

税務上の取扱いに不明確な点がある場合は，必要に応じて税理士へ相談のうえで所轄税務署に事前問い合わせを行い確認します。なお，照会には時間がかかることがあるため時間的余裕を持って行いましょう。

また，税制には政策的見地から業界等に応じた特例措置が設けられていることがあるので，税理士等と相談して自社に合った健全な節税を積極的に行いましょう。

2 中間申告

（1）申告額算定

事業年度が6カ月を超える法人は，原則として事業年度開始の日以後6カ月を経過した日から2カ月以内に法人税の中間申告を行わなければなりません。たいていの会社は12カ月が1事業年度ですので，3月決算であれば11月末までに中間申告を行うことになります。

中間申告額には2つの方法があります。「仮決算による中間申告」は事業年

第12章 法人税申告業務　187

度開始日から6カ月を1事業年度とみなして仮決算をもとに税金計算を行います。「前年度実績による予定申告」は前事業年度の法人税額×6カ月/前事業年度月数（要は普通は前期納付額のほぼ半分）が納付額となります。

　だいたいの場合，計算が簡単な後者を選びますが，資金繰りの観点から上半期の業績が悪い場合は「仮決算による中間申告」を行うことで税金の支払額を後ろ倒しにすることもあります。

（2）中間申告書提出

　「仮決算による中間申告」を行う場合は，申告期限までに中間申告を行うことが必須です。なお，中間申告書の提出期限内に提出がない場合は，自動的に「前年度実績による予定申告」がなされたものとみなされ，納付書が送られてきますので，納付書に従って支払います。

③　確定申告

（1）申告額算定

　会社が納めるべき法人税額は主として課税所得に税率を乗じて算定します（課税所得×税率＝法人税額）。

　そのため法人税申告業務でもっとも重要なのは，第11章「決算業務」までのプロセスにより会計上で計算された損益計算書の税引前利益に対して申告調整を行い，税務上の課税所得を計算することです。

　損益計算書の税引前利益までの計算（収益−費用＝税引前利益）と税務上の課税所得の計算（益金−損金＝課税所得）は大きくいえばほぼ同じように算定されます。収益≒益金，費用≒損金である結果，税引前利益≒課税所得ではありますが，それぞれ完全には一致していません。そこで会計上の税引前利益からこのズレを調整することで課税所得の計算を行います（税前利益＋加算調整−減算調整＝課税所得）。

【図表12−1　税引前利益と課税所得の関係】

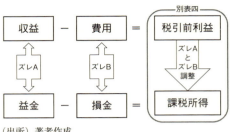

（出所）著者作成

　この「ズレAとズレBの調整」は、税引前利益にプラスする「加算調整項目」と、マイナスする「減算調整項目」に分けることができます。

＜加算調整項目＞
　益金算入…会計上は収益ではないが、税務上は益金
　（例）会計で受取利息計上漏れ（金額僅少なので未処理）、など
　損金不算入…会計上は費用、税務上は損金ではない
　（例）賞与引当金の計上、税務上の償却限度額を超える減価償却費、など

＜減算調整項目＞
　益金不算入…会計上は収益、税務上は益金ではない
　（例）受取配当金の益金不算入部分、など
　損金算入…会計上は費用ではないが、税務上は損金
　（例）欠損金の繰越控除、など

　なお、実際の調整の大半は「損金不算入」とその「認容」（過年度に損金不算入調整を行ったがその後に損金として認められること。言い換えればその年度において会計上は費用等を認識していないが税務上だけ損金として認められること）で、その次に「益金不算入」くらいであり、他の2つはあまり使いません。
　法人税の確定申告書は数多くの別表から構成されますが、法人税額を決定す

る最大要因である課税所得を算定する「別表四」が最も重要です。本書では確定申告書の作成について詳細を解説しませんが，ざっくりいえば「税前利益＋加算調整－減算調整＝課税所得」の計算をする「別表四」のために他の別表が存在するといっても過言ではありません。

　ただし，確定申告書は全体として納付すべき法人税額等の計算根拠となる重要な書類であるため，慎重な確認と別表や添付書類の提出漏れがないように留意する必要があります。

（2）申告書提出

　各事業年度終了の日の翌日から２カ月以内に所轄税務署長に対して確定申告書を提出し，提出期限までに申告税額を納付しなければなりません。

　ただし，以下の提出期限延長の制度があります。

- ✓ 会計監査人の監査を受けなければならないこと，その他それに類する理由により決算が確定しないため，提出期限までに申告書を提出できない状況にあると認められる場合，原則として１カ月の延長が認められます。
- ✓ 災害その他やむを得ない理由により決算が確定しないため，提出期限までに申告書を提出できない状況にあると認められる場合，指定された期日までの延長が認められます。

　法人税の申告書は昔は書面による提出のみでしたが，2004年に導入されたe-Tax（国税電子申告・納税システム）でWeb上で申告が可能となり，最近は多くの会社がe-Taxにより申告や納税を行っています。さらに，資本金の額等が１億円を超える法人等はe-Taxによる申告が義務づけられています。

　e-Taxによる申告を行えば税務署を訪問したり，郵送したりする手間が不要となり，さらに会計システムと連携させることも可能となっており非常に便利なので，義務がある会社ではなくても活用することをお勧めします。

第**13**章

連結決算業務

```
1  連結決算とは
2  連結範囲の決定等
   （1）連結範囲の決定
   （2）連結方針・スケジュール策定
   （3）連結対象会社への通知・説明
3  連結RPの送付・回収
   （1）連結RPの送付　　（2）連結RPの回収
   （3）外貨建財務諸表の換算
4  連結精算表の作成
   （1）単純合算　　（2）資本連結仕訳・成果連結仕訳
   （3）持分法仕訳　　（4）連結精算表
5  連結キャッシュ・フロー計算書の作成
   （1）作成方法
   （2）営業活動によるキャッシュ・フローの表示方法
   （3）CF精算表
```

　連結決算では，企業グループを1つの会社と見立て，グループ内取引は企業グループで見たら何も生じていないので社内取引のように連結財務諸表上はなかったことにし，グループ外との取引のみを連結財務諸表に反映させます。

　連結財務諸表を作成し公表することにより，投資者等が企業グループ全体の業績を把握できるとともに，単体決算が重視されていた頃によく行われていた，親会社の業績を良く見せるために子会社に不良資産を押し付けたり，親会社から子会社に多額の売上を計上することで親会社単体の利益をかさ上げする利益操作を防止することができます。

1 連結決算とは

　連結決算とは，親会社とそれが支配する子会社等によって構成される企業集団全体を単一の組織体と考え，当該企業集団の財政状態，経営成績およびキャッシュ・フローの状況を報告するために，親会社と子会社の財務諸表を合算・修正して，資産・負債と収益・費用等を連結財務諸表に表示，開示する一連の作業をいいます。

【図表13－1　連結財務諸表作成イメージ】

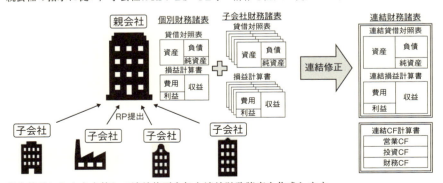

親会社の指示に従い，子会社はRPにBS・PL等の情報を記入し提出します。

親会社はこれらを合算して連結修正を加え連結財務諸表を作成します。

（出所）著者作成

連結修正は資本連結仕訳・成果連結仕訳からなり，具体的には第4節にて紹介しますが，要するに各社の計上額のうち連結グループ外との取引（図表13－2の太矢印）だけを連結財務諸表に活かすように修正していきます。

【図表13－2　連結修正のイメージ】

＜売上および売上原価＞

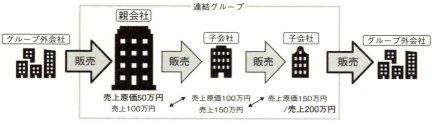

＜資本金および株式＞

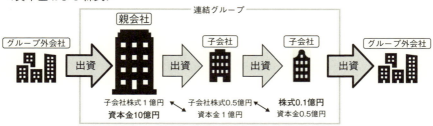

（出所）著者作成

2 連結範囲の決定等

（1）連結範囲の決定

　連結決算の一番初めに行う業務が連結範囲の決定になります。どの会社を連結子会社（ないし関連会社等）として連結財務諸表に含めるかを決めないことには、連結決算の各作業範囲を決めることができないからです。

　親会社は原則としてすべての子会社を連結しなければなりませんが、子会社にあたるかどうかは議決権だけではなく実質的な支配関係の有無により判定します（図表13－3）。

　なお、子会社等であっても、連結の範囲に含めるかどうかについては、重要性による除外の容認ルールや一時的支配などの例外ルールがあります（判断の要素が多いので会計監査を受けている会社は監査人と事前にすり合わせしておくのが無難です）。また、子会社判定に加え関連会社判定等も行う必要があります。

　連結決算に際しては、期末日より余裕を持った日程で事前に親会社から子会社等に対して連結方針・スケジュール等の指示を出す必要があるため、連結範囲は3月末決算の場合は3月上旬くらいには確定している必要があります。

（2）連結方針・スケジュール策定

　連結方針の策定に際しては、（1）の連結範囲をベースとした連結対象会社リスト（責任者、部署、連絡先を含む）を作成し、連結会計方針の統一を図るためにグループにおける連結会計方針を定めます（資産の評価基準、同一の種類の繰延資産の処理方法、引当金の計上基準、営業収益の計上基準など）。各国の法制等に起因して連結会計方針に合わせられない子会社がある場合には、親会社側で個別財務諸表を修正するために別途収集が必要となる情報についても整理します。

　スケジュールの策定については、「第11章　決算業務　第2節（2）スケジュール策定」を参照ください。

第13章　連結決算業務　　195

【図表13−3　子会社にあたるかどうかの判定フローチャート】

議決権の過半数を自己の計算において所有しているか。　── Yes ──→

↓ No

議決権の40%以上50%以下を自己の計算において所有しているか。　── Yes ──→

以下のいずれかに該当しているか。
①緊密な者および同意している者が所有する議決権と合わせて過半数を所有
②取締役会などの構成員の過半数を占有
③重要な財務および営業または事業の方針決定を支配する契約が存在
④資金調達額の過半を融資
⑤その他意思決定機関の支配が推測される事実の存在

── Yes ──→

↓ No

①緊密な者および同意している者が所有する議決権と合わせて過半数を所有　── Yes ──→

以下のいずれかに該当しているか。
②取締役会などの構成員の過半数を占有
③重要な財務および営業または事業の方針決定を支配する契約が存在
④資金調達額の過半を融資
⑤その他意思決定機関の支配が推測される事実の存在

── Yes ──→

（他に反証がない限り）意思決定機関を支配　↓　連結子会社

※「緊密な者」とは，自己と出資，人事，資金，技術，取引などにおいて緊密な関係があることにより自己の意思と同一の内容の議決権を行使すると認められる者をいいます（関連会社や自社の役員など）。

※「同意している者」とは，自己の意思と同一の内容の議決権の行使に同意している者をいいます（委任状を受けた人や株主間契約で同意している人など）。

（出所）著者作成

（3）連結対象会社への通知・説明

　連結方針等やスケジュールが決まったら，連結対象となる子会社等に通知を行います。なお，連結方針等に大きな変更がある場合や，新たに連結対象となった子会社等に対しては，事前に連結方針等や連結RPへの入力方法について説明を行う必要があります。

3 連結RP（Reporting Package）の送付・回収

（1）連結RPの送付

　連結RPとは，親会社が連結決算を行うのに必要なデータを入手するために，各子会社等から提出するレポートのことをいいます。通常は親会社が作成したエクセル等で作成したブランクフォームを子会社等に配布し，子会社が必要な項目を各社の機能通貨（通常は現地通貨）で入力して親会社に提出します。

　連結RPフォームにはたとえば以下のようなものがあります。
- ✓ 決算に関する質問事項（提出必要なレポート内容を判断）
- ✓ 貸借対照表
- ✓ 損益計算書
- ✓ グループ内BS残高数値
- ✓ グループ内取引高数値
- ✓ 関係会社に対する出資明細
- ✓ 各社の連結子会社・持分法の明細
- ✓ 棚卸資産明細
- ✓ 有形固定資産（含む投資不動産）明細
- ✓ 無形資産明細
- ✓ 減損損失の状況
- ✓ グループ内棚卸資産・固定資産の売買明細（未実現利益消去）
- ✓ 退職給付の状況
- ✓ デリバティブ取引およびヘッジ会計等の明細
- ✓ 有価証券等の明細（評価）
- ✓ その他，圧縮記帳，債権流動化，偶発債務，契約損失などの情報
- ✓ CF計算書作成の基礎情報（固定資産・財務項目増減等）
- ✓ 従業員数等の状況
- ✓ 設備の状況（設備の新設，除却等の計画含む）
- ✓ 各種引当金・資産除去債務の明細

第13章　連結決算業務　197

- ✓　借入金等・担保提供資産の明細
- ✓　法人税等明細（税効果含む）
- ✓　リース取引の明細

　これら以外にも，必要に応じて個別に子会社等に依頼して連結財務諸表の開示に必要な情報を収集します。

（2）連結RPの回収

　子会社等から入力後のRPを回収します。グループ規模が小さい場合（子会社が10社程度）はエクセルで回収することが多いですが，一定以上の規模の場合は連結システムを導入し，子会社等が連結システムへ入力ないしアップロードして提出することが多いです。

　子会社のうち1社でも回収予定日に遅れると連結グループ全体の決算スケジュールが後ろ倒しとなるリスクがあります。連結決算は多くの部署や関係者でスケジュールに合わせて日程が組まれているので大きな影響となります。

　なお，会計システムをグループ内で統一することで連結システムへのインターフェースまで実現し連結決算業務を効果的かつ効率的に実施したり，さらにシェアードサービス化して業務効率化を図っている企業グループもあります。

　親会社の経理部門担当者は各社のBS・PLを中心としたRPに含まれる財務情報の分析（前年度末対比，前年同期対比，予算対比等）を行い，連結における金額的重要性に質的重要性も加味して子会社に対して質問を行い，必要に応じて追加のエビデンスの提出を依頼します（このような分析は監査法人も同様に実施しており，監査法人から親会社の経理部門に対して同様の手続が実施されます）。

　なお，当然ですが投資を保有する営業部担当者もビジネスサイドの視点からRPの財務情報の分析を行います。

（3）外貨建財務諸表の換算

　在外（外国にある）子会社等のRPは通常は現地通貨で入力され，機能通貨が円でない限りBS・PL等の円貨への為替換算が必要となり，原則として以下

のレートが適用されます。

【図表13－4　外貨建財務諸表への適用為替レート①】

BS	資産・負債項目		期末日レート（CR）
	純資産	親会社による株式取得時の純資産項目	株式取得時レート（HR）
		親会社による株式取得後に生じた項目	取引発生期の期中平均レート（HR）
PL	収益・費用項目		期中平均レート（AR）

※ CR=Current Rate,　HR=Historical Rate,　AR=Average Rate
（出所）著者作成

　図表13－4の換算をBSとPLのイメージに当てはめると図表13－5のとおり
となります。

【図表13－5　外貨建財務諸表への適用為替レート②】

貸借対照表		損益計算書	
資産（CR）	負債（CR）	費用（AR）	収益（AR）
	資本金（HR）		
	期首利益剰余金（HR）		
	当期利益（AR）　←　当期利益（AR）		
	為替換算調整勘定（差額）		

（出所）著者作成

　ここで出てくる為替換算調整勘定（TA，Foreign Currency Translation
Adjustment）は，資産・負債がCR，純資産項目がHRとARで換算されている
結果として貸借対照表に生じる差額です。
　会計上は単なる差額調整にすぎませんが，海外子会社が清算・売却され連結
範囲から外れるときに損益として実現するため，実質的に含み損益が生じてい
ることになります。そのため，この為替変動によって生じる含み損益をヘッジ
するために，投資額に見合いの外貨建借入金を保有したり同様の効果があるデ
リバティブ取引を行うことがあります。

４ 連結精算表（連結BS，連結PL）の作成

（1）単純合算
　単純合算とは，親会社の個別財務諸表と子会社の個別財務諸表を合算するこ

とをいいます。前述のとおり，親会社の機能通貨と異なる通貨で回収された子会社の財務諸表は事前に換算しておきます。

（2）資本連結仕訳・成果連結仕訳

　単純合算だけだとグループ内取引もそのまま合算されてしまい，連結グループの財務諸表としては未完成なので，資本連結仕訳と成果連結仕訳を行うことで連結BSと連結PLを作成します。

　主な連結仕訳には以下のものがあります。

＜資本連結＞
① 開始仕訳（投資と資本の相殺消去，のれん・無形資産の認識，時価評価），② 当期純利益の非支配株主への振替，③ のれん・無形資産の償却，④ 受取配当金・支払配当金の消去

＜成果連結＞
⑤ 営業取引の相殺消去，⑥ 棚卸資産の未実現利益の消去，⑦ 固定資産の未実現利益の消去，⑧ 債権債務の相殺消去，⑨ 貸倒引当金の修正，⑩ 支払利息・受取利息の相殺消去

　なお，これらの連結仕訳のうちグループ内で親会社計上額と子会社計上額ないし子会社間計上額が理論的には一致する④⑤⑧⑩については，その一致を確認するためにグループ会社間の内部取引照合レポートを作成します。一致していない場合は一定額以上の差異について内容を確認しどちらかの処理を修正し相殺額を近似させる必要があります（親子間であれば通常は子会社側の処理を修正します。完全な一致が理想ではありますが現実には難しいので実務的には一定金額内までにおさめればよいとされています）。

（3）持分法仕訳

　関連会社や非連結子会社に対する投資は，まず買ったときの取得原価により認識し，その後，関連会社等の純損益のうち投資企業の持分について，投資企

業の連結財務諸表上，投資を相手勘定として持分損益の科目で純損益として認識します。これを「持分法」といい，連結が対象会社の資産・負債・収益・費用のすべてを合算するのに対し，「投資有価証券」（BS）と「持分損益」（PL）のみで計上するので「一行連結」ともいわれます。

連結との大きな違いは，BSを単純合算するわけではないので，投資と資本の相殺消去や債権債務の相殺消去は実施しない点にあります。

（4）連結精算表

連結精算表は（1）単純合算，（2）資本連結仕訳・成果連結仕訳，（3）持分法仕訳を実施し，連結BSと連結PLの基礎となる金額を集計する表のことをいいます。

これらの連結精算表の一連の処理を仕訳と連結精算表で示すと以下のようなイメージとなります。

【資本連結仕訳・成果連結仕訳，持分法仕訳】

①開始仕訳

（借）資本金（純資産）	900	（貸）S社株式（資産）	800
利益剰余金（純資産）	100	非支配株主持分（純資産）	300
のれん（資産）	80		
無形資産（資産）	20		

②当期純利益の非支配株主持分への振替

（借）非支配株主持分損益（費用）	20	（貸）非支配株主持分（純資産）	20

③のれんおよび無形資産の償却

（借）のれん償却費（費用）	8	（貸）のれん	8
無形資産償却費（費用）	10	無形資産	10

※日本基準ではのれんを20年以内の一定の期間で償却しますが，IFRSでは原則償却しません。

④受取配当金・支払配当金の消去

（借）受取配当金（収益）	8	（貸）支払配当金（純資産）	8
非支配株主持分（純資産）	2	支払配当金（純資産）	2

⑤営業取引の相殺消去
　（借）売上（収益）　　　　　120　　（貸）仕入（費用）　　　　　120

⑥棚卸資産の未実現利益の消去
（期末分）
　（借）売上原価（費用）　　　　20　　（貸）棚卸資産（資産）　　　　20
（期首分）
　（借）利益剰余金期首残高（純資産）20　（貸）棚卸資産（資産）　　　　20

⑦固定資産の未実現利益の消去
　（借）土地売却益（収益）　　100　　（貸）土地（資産）　　　　　100

⑧債権債務の相殺消去
　（借）買掛金（負債）　　　　300　　（貸）売掛金（資産）　　　　300
　　　　借入金（負債）　　　1,000　　　　　貸付金（資産）　　　1,000

⑨貸倒引当金の修正
　（借）貸倒引当金（負債）　　　　6　　（貸）利益剰余金期首残高（純資産）6
　　　　貸倒引当金繰入（費用）　　6　　　　　貸倒引当金（負債）　　　　6
　　　　貸倒引当金（負債）　　　　8　　　　　貸倒引当金繰入（費用）　　8
※前期処理引継，前期分実現，当期分修正の順で記載しています。

⑩支払利息・受取利息の相殺消去
　（借）受取利息（収益）　　　　60　　（貸）支払利息（費用）　　　　60

＜持＞持分法仕訳
　（借）投資有価証券（資産）　　60　　（貸）利益剰余金期首残高（純資産）60
　　　　投資有価証券（資産）　　40　　　　　持分損益（収益）　　　　　40
※開始仕訳，当期仕訳の順で記載しています。

貸借対照表　連結仕訳

	①	②	③	④	⑤	⑥	⑦	⑧	⑨	⑩	持	合計
1．流動資産						-20-20		-300	6-6+8			-332
2．固定資産	-700	0	-18	0	0	0	-100	-1,000	0	0	100	-1,718
投資	-800										60+40	-700
のれん	80		-8									72
無形資産	20		-10									10
その他							-100	-1,000				-1,100
3．流動負債								300				300
4．固定負債								1,000				1,000
5．資本合計	700	-20	0	-8	0	20	0	0	-6	0	-60	626
資本金	900											900
剰余金	100			-8-2		20			-6		-60	44
非支配持分	-300	-20		2								-318

損益計算書　連結仕訳

	①	②	③	④	⑤	⑥	⑦	⑧	⑨	⑩	持	合計
売上高					120							120
売上原価					-120	20						-100
売上総利益	0	0	0	0	0	20	0	0	0	0	0	20
経費			10+8						6-8			16
営業利益	0	0	18	0	0	20	0	0	-2	0	0	36
支払利息									-60			-60
受取利息									60			60
受取配当金				8								8
土地売却益							100					100
持分損益											-40	-40
税引前利益	0	0	18	8	0	20	100	0	-2	0	-40	104
法人税等												0
税引後利益	0	0	18	8	0	20	100	0	-2	0	-40	104
非支配持分損益		20										20
当社株主に帰属する当期純利益	0	20	18	8	0	20	100	0	-2	0	-40	124

※プラスの数値は借方，マイナスの数値は貸方を意味します。

　ここではわかりやすいように作業過程に「連結仕訳」シートを挟みましたが，連結仕訳が少ない場合は，次の連結精算表の「連結仕訳等」の列に直接置き換えることも可能です。

【連結精算表】

連結精算表　貸借対照表

	単体	子会社A	子会社B	合計	連結仕訳等	連結計
1．流動資産	10,000	1,500	3,000	14,500	▲332⑥⑧⑨	14,168
2．固定資産	5,000			5,000	▲1,718	3,282
投資	1,500			1,500	▲700①持	800
のれん				0	72①③	67
無形資産				0	10①③	15
その他	3,500			3,500	▲1,100⑦⑧	2,400
3．流動負債		900	1,200	2,100	▲300⑧	1,800
4．固定負債	14,000			14,000	▲1,000⑧	13,000
5．資本合計	1,000	600	1,800	3,400	▲750	2,650
資本金	600	400	500	1,500	▲900①	600
剰余金	400	200	1,300	1,900	▲168①④⑥⑨持+利	1,732
非支配持分					318①②④	318

※ 利：連結仕訳による当期純利益の修正額124

連結精算表　損益計算書

	単体	子会社A	子会社B	関連会社C	合計	連結仕訳等	連結計
売上高	1,000	300	400		1,700	▲120⑤	1,580
売上原価	▲300	▲200	▲200		▲700	100⑤⑥	▲600
売上総利益	700	100	200		1,000	▲20	980
経費		▲80	▲20		▲100	16③⑨	▲116
営業利益	700	20	180		900	▲36	864
支払利息			▲60		▲60	60⑩	0
受取利息	100				100	▲60⑩	40
受取配当金	100				100	▲8④	92
土地売却益	100				100	▲100⑦	0
持分損益				40持	40		40
税引前利益	1,000	20	120	40	1,180	▲144	1,036
法人税等	▲240	▲8	▲52		▲300		▲300
税引後利益	760	12	68	40	880	▲144	736
非支配持分損益						▲20②	▲20
当社株主に帰属する当期純利益	760	12	68	40	880	▲164	716

　この連結精算表の一番右の列が連結貸借対照表と連結損益計算書になります。このように各社BS・PLの単純合算，連結仕訳，持分法仕訳を連結精算表で集約して連結財務諸表を作っていきます。

　なお，理解しやすいように連結仕訳等の金額の横に仕訳番号（①～⑩，持，利）を入れていますが，通常は金額のみが入ります。

5 連結キャッシュ・フロー（CF）計算書の作成

　CF計算書とは企業の活動を「営業活動」，「投資活動」，「財務活動」の3つに分けてキャッシュ（現金及び現金同等物）の期首から期末までの出入りを計算する財務諸表です。

　CF計算書は金融商品取引法の適用がある上場会社等には作成義務がありますが，それ以外の会社では作成が不要であり，また作成方法は日商簿記1級の出題レベルであるなど少し難しいため，本書では概略の紹介にとどめます。

（1）作成方法

　連結CF計算書の作成方法には，各社の個別CF計算書を合算してグループ内取引消去をして作成する「原則法」と，連結財務諸表をベースに作成する「簡便法」があります。日本では簡便法を採用している企業が多いです。

【図表13−6　連結CF計算書の作成方法（原則法と簡便法）】

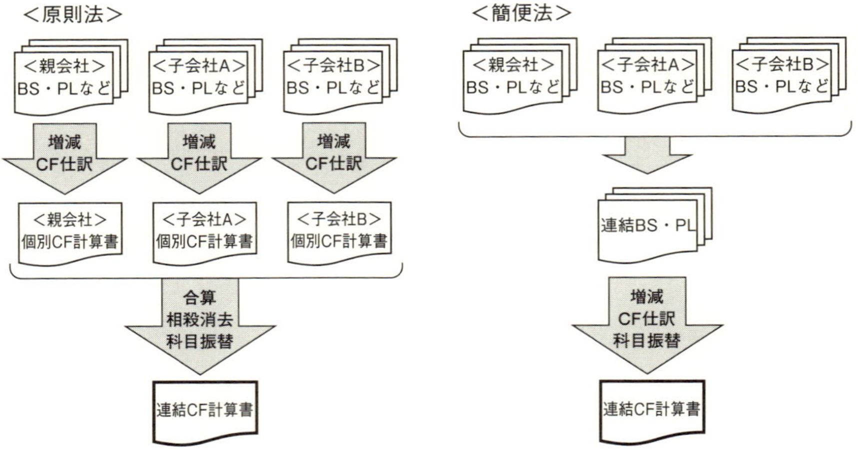

（出所）著者作成

　簡便法であれば当然親会社の経理部門のみで連結CF計算書を作成することになりますが，原則法であっても子会社等には個別CF計算書を作成できるリ

ソースがないことが多いため，親会社の経理部門で個別CF計算書も含めたすべてのCF計算書を作成するのが一般的です。

（2）営業活動によるキャッシュ・フローの表示方法

表示方法には「直接法」と「間接法」があります。

直接法は，営業収入，原材料または商品の仕入支出，人件費支出，その他の営業支出という主要取引ごとに総額で表示します（一般的に原則法で作成）。

間接法は，税引前当期純利益に非資金損益項目，資産・負債の増減額などを加減算して資金の流れを間接的に表示します（一般的に簡便法で作成）。

【図表13－7　営業活動によるCF表示方法（直接法と間接法）】

<直接法>

Ⅰ 営業活動によるキャッシュ・フロー	
営業収入	9,100
商品仕入支出	▲5,900
人件費支出	▲1,020
その他の営業支出	▲70
小計	2,110

<間接法>

Ⅰ 営業活動によるキャッシュ・フロー	
税引前当期純利益	2,200
減価償却費	550
貸倒引当金の増加額	60
退職給付引当金の増加額	90
受取利息配当金	▲140
売上債権の増加額	▲500
棚卸資産の減少額	100
仕入債務の減少額	▲250
小計	2,110

（出所）著者作成

（3）CF精算表

CF精算表はBS，PLおよびその他の情報を入力することでCF計算書の金額を集計する表のことをいいます。

たとえば簡便法（間接法）の場合，以下の手順で集計します（図表13－8）。

① 前期BSと当期BSの差額計算

② 現金以外のBS項目の増減金額をCF項目ごとに転記（右端列でチェック）

③ 集計されたCF項目ごとの金額をCF計算書に転記（右端列に集計される）

④ 現金及び現金同等物の期首残高を入力

⑤ 現金及び現金同等物の期首残高にCF項目別に転記したCF増減が合計された現金及び現金同等物の期末残高がBS残高と一致することを確認

[図表13−8　CF精算表（間接法）]

勘定科目	当期末	前期末	増減	税引前利益振替	支払利息	受取利息	償却費	各種引当金	固定資産取得	固定資産売却	売上債権増減	仕入債務増減	資産負債増減	借入金	貸付金	増資	法人税等	非支配株主損益	現金預金の振替	Check
現金預金	29	20	9																(9)	0
売掛金	69	60	9								(9)									0
未収入金	43	-	43							(43)										0
貸倒引当金	(13)	(6)	(7)					7												0
未収収益	9	2	7			(7)														0
長期貸付金	85	70	15												(15)					0
建物	107	160	(53)				4		(51)	100										0
土地	145	-	145						(145)											0
無形資産	113	120	(7)				7													0
買掛金	(59)	(44)	(15)									15								0
未払金	(45)	-	(45)						36				9							0
未払法人税等	(21)	(10)	(11)													11				0
長期借入金	(175)	(140)	(35)											35						0
資本金	(125)	(100)	(25)													25				0
利益剰余金	(97)	(82)	(15)	41													(16)	(10)		0
非支配株主持分	(60)	(50)	(10)															10		0
合計	5	0	5	41	0	(7)	11	7	(160)	57	(9)	15	9	35	(15)	25	(5)	0	(9)	0

第13章　連結決算業務　　207

CF項目	税引前利益振替	支払利息	受取利息	償却費	各種引当金	固定資産取得	固定資産売却	売上債権増減	仕入債務増減	資産負債増減	借入金	貸付金	増資	法人税等	非支配株主損益	現金預金の振替	CF計算書
営業活動によるCF																	
税金等調整前当期純利益	41																41
減価償却費				11													11
固定資産売却益							(24)										(24)
受取利息及び受取配当金			(11)														(11)
支払利息		8															8
貸倒引当金増減額					7												7
売上債権増減額								(9)									(9)
仕入債務増減額									15								15
その他										9							9
小計	41	8	(11)	11	7	-	(24)	(9)	15	9							47
利息及び配当金の受取額			4														4
利息の支払額		(8)															(8)
法人税等の支払額														(5)			(5)
営業活動によるCF	41	-	(7)	11	7	-	(24)	(9)	15	9	-	-	-	(5)	-	-	38
投資活動によるCF																	–
有形固定資産の取得による支出						(160)											(160)
有形固定資産の売却による収入							81										81
長期貸付による支出												(25)					(25)
長期貸付の回収による収入												10					10
投資活動によるCF	-	-	-	-	-	(160)	81	-	-	-	-	(15)	-	-	-	-	(94)
財務活動によるCF																	–
長期借入による収入											65						65
長期借入の返済による支出											(30)						(30)
資本金等の増減額													25				25
財務活動によるCF	-	-	-	-	-	-	-	-	-	-	35	-	25	-	-	-	60
現金及び現金同等物の増加額	41	-	(7)	11	7	(160)	57	(9)	15	9	35	(15)	25	(5)	-		4
現金及び現金同等物の期首残高																④20	20
現金及び現金同等物の期末残高	41	-	(7)	11	7	(160)	57	(9)	15	9	35	(15)	25	(5)	-	20	⑤24
Check	0	0	0	0	0	0	0	0	0	0	0	0	0	0	0	0	

（出所）著者作成

連結システムにはCF計算書を自動生成する機能を有するものもありますが，システムで生成されてしまうと集計過程がブラックボックスとなるため，CF精算表を作らない会社では，実務だけで作成方法を理解することは困難です。

CF計算書は経理部門による判断や修正が必要となるケースも多く完全に自動化することは難しいため，経理部門の担当者はOJTに頼らずCF計算書の作成方法をきちんと学習する必要があります。

☕ コーヒーブレイク　　～キャッシュ・フローは嘘をつかない～

これはよく言われる格言のような言い回しです。"Cash flow is king." と言われることもあります。これらの言い回しが使われる理由は現金には見積りの要素がなく「事実」を表しているからです。

まだ日本ではPLの当期純利益が非常に重視されていますが，PLは見積りの要素が多く含まれており，また数々の手段で粉飾が行われてきた歴史があります。

他方，期首と期末の現金残高は監査手続「実査」により実際にカウントされ，預金残高は監査手続「確認」により残高証明書が取得され，それぞれ実在性が検証され，また財務CFはエビデンスによる検証が容易であるため，必然的に営業CF＋投資CFはごまかしにくいという特徴があります。

当期純利益が好調であるにもかかわらず，営業CF＋投資CFが低調な場合は，PLが本当に正しいのか注意深く観察する必要があります。

第 **14** 章

予算管理

	年度予算策定
1	年度予算策定
	（1） 予算策定方法
	（2） 業務フローチャート
	（3） 予算の勘定科目の粒度
2	予算実績分析・修正予算
	（1） 目　的
	（2） 業務フローチャート（予算実績分析）
	（3） 業務フローチャート（修正予算）

　会社における予算とは，あらかじめ定められた数値目標を意味し，売上高，売上原価，経費，利益，キャッシュ・フロー，利益率，シェアなどさまざまなKPI（Key Performance Indicator）やKGI（Key Goal Indicator）に対して設定され，会社および各部門が年度の活動目標として設定するものです。

　精度の高い予算を策定することは，株主や金融機関等の信頼を確保し資金調達を容易にする効果もあります。一般に予算の精度が低い（予測と実績の乖離が大きい）場合，その乖離はリスクとして評価され調達コストが高まります。

1 年度予算策定

（1）予算策定方法

　年度予算策定方法は，トップダウンで決める会社や，ボトムアップの積み上げで決める会社，その両方をすり合わせ折衷案を作る会社など，会社によってさまざまですが，経営目線が反映され，かつ実現可能性がある予算を策定するために折衷型を採用する会社が多い印象です。

　年度予算の策定は，規模にもよりますが3月決算会社であれば年度予算は1月中旬〜4月中旬にかけて策定していくイメージです（個人的にはやりすぎだと思いますが，半年以上かけて年度予算を立てている会社もあるとか）。

　年度途中で行う修正予算（年度見通し）は会社により年1回〜3回行うイメージですが，やりすぎると営業部門が本業に注力できず管理部門も疲弊してしまうデメリットもあるのでバランスが重要です。

　本書では，最もオーソドックスな折衷型による予算策定について紹介します。具体的な業務処理記述をフローチャートと比較しつつ確認していきましょう。

（2）業務フローチャート（年度予算策定）

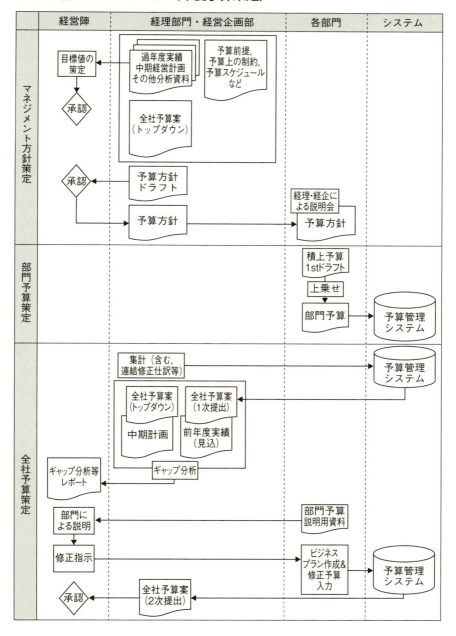

【マネジメント方針策定】

　経営陣が年度予算を策定する前提となる参考データは経理部門（ないし経営企画部）から提供していきます。

　経営陣は中期事業計画と過年度実績をベースに経営環境を加味し，翌期の年度予算のトップダウンでの目標値を作っていきます（実際には経営企画部等の部署が案を作成します）。

　並行して経理部門（および経営企画部）では実際に各部門に展開するための年度予算の前提（金利，為替レート等）や全社的な制約条件（投資資金限度，配当性向，単体配当可能利益，資金調達など），各部門からの部門予算の収集～全社予算確定までの具体的なスケジュール等をまとめます。

　経営陣のトップダウンでの全社予算案と前提・制約条件をすり合わせ，本社内各部門およびグループ内事業会社に通達できる予算方針を策定し，経営陣の承認後に各部門に通達します。

　この予算方針は各部門の理解が不可欠であるため，通常は通達と同時に説明会を開催し，各部門に予算方針の内容や趣旨を説明します。

【部門別予算策定】

　各部門では【マネジメント方針策定】で与えられた予算前提に基づいて，まず積み上げの形で予算のファーストドラフトを作成します。そのうえで見込めている（比較的確度の高い）新規開拓・案件・顧客などを加味して，積上予算に上乗せして部門予算を策定します。

　各部門は部門予算を予算管理システムに入力して提出します。

　なお，グループの規模が大きい場合は，通常，子会社からの予算関連情報の収集も予算管理システムにインプットさせて行います。

【全社予算策定】

　各部門の1次提出予算は経理部門で集計され，全社予算案（1次提出バージョン）が作成されます。

　全社予算案（1次提出バージョン）は，経営陣のトップダウンでの全社予算案と比較され，ギャップ分析が行われます。また，並行して各部門から経営陣

に1次提出された各部門予算について説明を行う会議が実施されます。

このギャップ分析と各部門からの説明を受けて、経営陣から部門予算の修正指示が行われます（通常は予算目標の上乗せ指示）。

各部門は1次提出した部門予算に上乗せする利益等について、経費削減を含むビジネスプランを作成します（現実には具体的なビジネスプラン等を用意できない上乗せ分を予算に含めざるを得ないこともあります）。

各部門は修正指示反映後の部門予算の2次提出を行い、経理部門はこれらを集計し全社予算案（2次提出バージョン）を作成、経営陣に報告します。

経営陣は全社予算案（2次提出バージョン）の内容を確認し、問題がなければ全社予算および部門予算の確定の意思決定を行います。

（3）予算の勘定科目の粒度

予算で使用する勘定科目の粒度を決算と合わせると、実績をベースとして予算を検討できるため、結果として策定がしやすく分析も容易となります。

特に連結財務諸表を作っている会社は、予算の分析は連結ベースで行われることが大半なので、RPの勘定科目を決算と予算で揃えるのがよいです。

予算の策定スピードを上げるために予算RPの勘定科目を決算RPより粗くするケースもあるとは思いますが、予算RPの粒度を粗くしすぎると結局は実績との比較に手間がかかってしまいます。会計的にシンプルな連結グループであれば決算RPを開示で必要なギリギリまで簡便化し、そこに予算RPを合わせられるのがベストです。

2　予算実績分析・修正予算

（1）目　　的

予算実績分析（予実分析）の目的は実績の決算数値の検証目的もありますが、四半期および年度予算に対する実績の進捗を確認し、必要に応じて着地予測のアップデートと（特に実績が予算を下回るときの）対策を練ることにあります。

修正予算は予実分析やその後のビジネス環境の変化に伴い、年度決算の着地見込みの変更を行うもので、各部門の評価の対象となる当初に策定された年度

予算（Budget）とは異なり，いわば年度予測（Prospect）を目的とします。

(2) 業務フローチャート（予算実績分析）

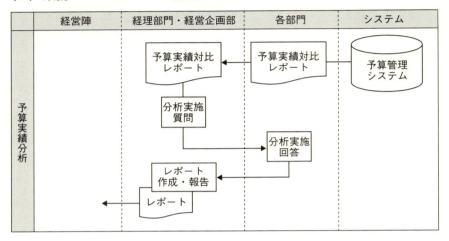

【予算実績分析】
　予実分析は月次・四半期等の単位で経理部門・経営企画部等が実施します。
　各部門でも同様に予実分析を行い，経理部門・経営企画部等からの増減等の理由についての質問に回答します（たとえばPLだとタイミングの月ズレで年度中には発生するか，翌年度までズレるのか，純増減か，およびその理由など）。
　経理部門・経営企画部は予実分析の結果を経営陣に報告します。

（3）業務フローチャート（修正予算）

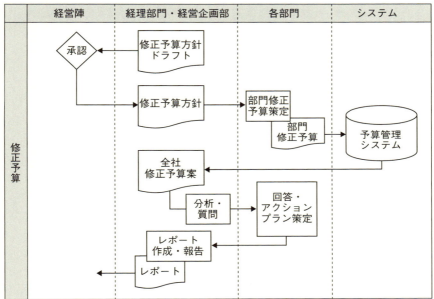

【修正予算】

　修正予算も年度予算と同様に，各部門から年度の着地予測数値を経理部門が集計して経営陣に報告されます。

　まず経理部門・経営企画部等から修正予算方針（主に金利・為替レート等の前提の変更）がドラフトされ，経営陣の承認後に各部門に展開されます。

　各部門は修正予算を策定し部門修正予算を予算管理システムにインプットします。

　特に修正予算が当初予算を下回る場合は，残りの期間でその差異をどのように埋めていくかのアクションプランを立案して，経営企画部等のレポートを通じて経営陣に報告し，期末までの間に実行していくことになります。

第**15**章

資金計画・調達管理

---

1 中長期資金計画
　（1）経営理念・経営方針・行動指針・戦略等
　（2）既存事業計画と新規事業計画を中長期で作成
　（3）資金計画作成
2 短期資金計画
　（1）年度予算策定
　（2）月次BSおよび月次PLをベースに資金計画を策定
3 銀行借入
　（1）銀行借入の前提
　（2）業務フローチャート（銀行借入）
　（3）業務フローチャート（利息支払・元本返済）
　（4）期末管理
　（5）支払利息のオーバーオールテスト
4 増　　資
　（1）増資とは
　（2）業務フローチャート

　資金計画は会社の事業に沿って行うものなので，中長期事業計画および予算をベースとして策定されますが，一方で資金計画の実現可能性や資金効率が中長期事業計画および予算の策定に影響を与えるので，相互に考えていく必要があります。

　すなわち，中長期経営計画や年度予算は経営者の戦略に従って策定されますが，そもそもそのために必要な資金調達が困難であったり，資金調達コストが新規ビジネスから得られる利益を上回る場合は新規ビジネスへの投資が合理的ではないと判断され，計画の変更を余儀なくされることもあります。

　このように経営計画・予算と資金計画，調達は密接な関係があり，すり合わせをしながら固めていく必要があります。

1 中長期資金計画

（1）経営理念・経営方針・行動指針・戦略等

　中長期資金計画を策定するにあたっては，その期間に見合った事業計画を策定する必要があります。さらに事業計画の策定には戦略，そして戦略を策定するにあたってはその基礎となる経営理念・経営方針・行動指針が必要です。

【図表15－1　ミッション・ビジョン・バリュー】

経営理念	Mission
経営方針	Vision
行動指針	Value

（出所）著者作成

　経営理念（Mission）とは，経営を行ううえでの根本的な考え方であり，価値観や哲学，信念など，経営者の考え方を明文化したものです。主として社内に企業運営の土台となる考え方を伝えるものです。日本だと「社是」や「社訓」などもこれに類似の概念です。たとえばANA「安心と信頼を基礎に，世界をつなぐ心の翼で夢にあふれる未来に貢献します」，ナイキ「おかげさまでの心の経営」などがあります。

　経営方針（Vision）とは，経営理念を達成したときに会社がどういう姿になっているかを記載します。逆にいえば会社がどういう姿になることを目指すかを示すものです。

　行動指針（Value）とは，上記を達成するために会社が重視している価値観とそれに伴う行動を示すものです。

　戦略（Strategy）とは，ここでは上記に基づいて中長期的に会社が目的を達成するための大局的な構想や指針であり，具体的には，技術，市場，商品，顧客などについて重点的に取り組むべきテーマを定め，「ヒト・モノ・カネ」等の経営資源をどう配分・活用していくか，成功の定義は何かなどを定めていき

ます。戦略の策定は「SWOT分析に代表される環境分析」→「STP分析に代表される基本戦略」→「4P（製品・価格・流通・プロモーション）などの構成要素の組み合わせ（マーケティングミックス）により策定する実行戦略」のような手順が理屈としては挙げられることが多いです。ただし，個人的な経験からは必ずしもこのように戦略が決まるとは限らないですし，むしろ格好をつけて整理したにもかかわらず実質的な中身が伴わないケースも多いので，完璧に分析する必要はなく頭の整理のために活用する程度の扱いでよいと思います。

　経営理念・経営方針・行動指針・戦略の概念は，現実にはすごく曖昧で正解はなく，経営陣が自らの事業の進め方を整理するとともに，従業員との間で大まかな価値観と方向性を共有するものといえます。

　これらがないと中長期的に会社がどのような事業を展開していくのかを決めることができないため，中長期計画を立てる前提として重要です。たとえば普通は「グリーン推進」戦略と言っていたら温室化ガス排出量が多い事業を拡大する計画は策定しませんし，注力市場に選ばれていない国・分野に対して多額の資金を投入することもしません。

（2）既存事業計画と新規事業計画を中長期で作成

①既存事業計画

　中長期事業計画の策定の方法について細かくいえばキリがないのですが，大まかにいえばまずは既存の事業をベースに無理な成長を見込まず，過去の推移に従った自然体の事業計画を作成します。ただし，既存ビジネスに必要な金額的に重要な固定資産については，耐用年数に従って更新を行う投資やそれに伴う資金調達を盛り込む必要があります。

②新規事業計画

　既存事業計画だけでは（1）のミッション・ビジョン・バリューは実現できないので，新規事業計画を策定する必要があります。中長期的に目指す方向性に沿った戦略（○○市場で○○の特化によるシェア○％，○○技術を生かして○○ビジネスの開拓など）をもとに売上高や必要な「ヒト・モノ・カネ」等を数字で示していきます。

「数字で示す」というのは単に売上○○億円やシェア○％というだけでなく，そのために必要な市場の前提（相場，金利，保険料等），1人当たり営業利益，市場規模の拡大予測などの各種条件を設定し，さらに管理可能なKPIと管理不能な要因を明確にしておく必要があります（たとえば，工場の効率のうち，機械の稼働率はメンテナンスや定期的な点検による故障の予防などにより管理可能ですが，原材料の価格変動や自然災害などの外部要因は管理不能）。

（3）資金計画作成

既存事業計画と新規事業計画に基づいて，いったんPLとBSを各年度で策定します。

BSについては，既存事業による自己金融で十分な資金が調達できているなら神経質になる必要もないので，一般に売上債権回転期間，棚卸資産回転期間，仕入債務回転期間などを使用してざっくりと作成していきます（詳細に作成しても数年先まで想定どおりに行くことは稀なので）。

BSを作成していった結果として資金的に十分でないことが考えられますが，新規事業での投資が過剰になっている結果なら新規の方針を見直すことも考えられます。既存の資金では不足するが新規事業を推し進める場合は資金調達が必要となります。資金調達方法としては「借入」，「増資」，「資産の売却」が考えられます。

上記の調整を行った中長期事業計画のBSとPLが策定されたら，中長期のCF計算書を作成するのが美しく見えますが，中小企業で対外的な開示がないのであれば，資金繰り表の形式で計画したほうが実務的には使いやすいと思います。

中長期計画を策定する目的は大まかな方針を決めることにありますので，詳細に作り込みすぎないことがポイントです。

② 短期資金計画

（1）年度予算策定

「第14章　予算管理　第1節　年度予算策定」をご参照ください。

（2）月次BSおよび月次PLをベースに資金計画を策定

　月次BSおよび月次PLをベースに資金計画を策定する際には，CF計算書の形式で作成する場合もありますが，中長期資金計画と同様に資金繰り表の形式で策定するほうが実務的です。一般的にCF計算書は間接法で作成しますが，資金繰り表はCF計算書の作成方法のうち直接法と同じ考え方で作ります（図表15－2）。

【図表15－2　CF計算書作成方法（直接法）のイメージ】

売掛金

期首残高（BS）	48,750	債権回収（CF）	54,701
売上高　（PL）	50,976	期末残高（BS）	45,025

 収入

買掛金

債務支払（CF）	17,601	期首残高（BS）	28,567
期末残高（BS）	25,854	仕入高　（PL）	14,888

 支出

```
＜直接法＞
Ⅰ　営業活動によるキャッシュ・フロー
　　営業収入　　　　　　　　　　54,701
　　商品仕入支出　　　　　　　▲17,601
　　人件費支出　　　　　　　　▲18,170
　　その他の営業支出　　　　　 ▲9,412
　　　　小計　　　　　　　　　　 9,518
```

（出所）著者作成

　資金繰り表の作り方やメッシュは会社の行っている事業内容や資金繰りの余裕度によってかなり異なります。

　月次で予算BSと予算PLを作成している会社の場合は，まず月次BSの営業債権と営業債務の残高を過年度の回転期間等から作成し，未払費用・未払金は人員数や販管費の規模に応じた比率で計上するなど，一定の仮定を置いて残高を計算し（取引数が少ない場合は回転期間等によらずに個別の取引の支払条件を反映させて，より緻密に営業債権債務の残高を集計することもありえます），

大きな投資や借入金の返済，受取利息，配当金等を加味したうえで，BSを作成します。BSの増減とPL数値を用いて，CF計算書と同様の考え方に基づいて資金繰り表に記載する各収入項目と支出項目を入力していきます。

　これ以外の方法としては，過年度の収入・支出実績に予算の収入・支出計画の差分を加味する方法で資金繰り表を作成するやり方もありますし，明確な決まりはありません。

　なお，年度予算策定に際しては，各部門からBS・PL項目だけでなく投資を含めた固定資産取得・売却に関する情報（CAPEX等）もあわせて収集する必要があることに留意が必要です。

　どのような方法で作成しても資金繰り表のでき上がりは図表15－3のような内容になることが多いですが，経営陣に説明する場合は別途案件ごとの収入・支出でサマリーを作るケースもあるなど，「正解」はありません。

③　銀行借入

（1）銀行借入の前提

　通常，会社は中長期ないし短期の資金計画に基づいて資金調達の要否を検討します。資金調達が必要な場合，「借入」，「増資」，「資産の売却」が考えられますが，「増資」や「資産売却」は実行に手間がかかったり難しいことも多いので，もっとも多く活用される資金調達方法は「借入」です。

　銀行が融資に応じてくれるためには信用が必要です。そのためには過去の業績と将来の事業計画をきちんと説明できることが大前提ですが，自社の規模に合った銀行取引実績の積み上げ，帝国データバンク等の信用調査の評価など，信用を積み上げる方法を学んだうえで，借入交渉を行うことがポイントです。

　少し極端なイメージですが，国内銀行等には図表15－4のような傾向があります。

【図表15-3　資金繰り表】

		コード	項目	4月	5月	6月	12月	1月	2月	3月	合計
			前月残高	148,531	157,599	167,088	141,841	135,218	143,583	154,262	148,531
営業収支	収入	1001	○○売上収入	39,950	40,300	40,650	42,750	43,100	43,450	43,800	502,500
		1002	△△売上収入	8,962	9,044	9,126	9,618	9,700	9,782	9,864	112,956
		1003	××売上収入	5,189	5,151	5,113	4,885	4,847	4,809	4,771	59,760
		1004	その他収入	600	0	0	0	0	0	0	1,200
				54,701	54,495	54,889	57,253	57,647	58,041	58,435	676,416
	支出	2001	○○原価支払	16,304	16,404	16,504	17,104	17,204	17,304	17,404	202,248
		2002	△△原価支払	1,297	1,337	1,377	1,617	1,657	1,697	1,737	18,207
		2003	旅費交通費	1,288	1,288	1,288	1,288	1,288	1,288	1,288	15,456
		2004	広告宣伝費	573	573	573	608	628	628	628	7,181
			人件費	18,170	18,170	36,299	33,920	21,317	19,260	19,260	265,048
		2005	給与・手当	14,660	14,660	14,660	15,540	15,540	15,540	15,540	183,836
		2006	住民税・源泉所得税	1,311	1,311	1,311	1,390	2,856	1,390	1,390	19,665
		2007	社会保険料	2,199	2,199	2,199	2,331	2,331	2,331	2,331	27,575
		2008	労働保険料	0	0	537	0	591	0	0	1,719
		2009	賞与	0	0	17,592	14,660	0	0	0	32,252
		2010	地代家賃	1,800	1,800	1,800	1,800	1,800	1,800	1,800	21,600
		2011	リース料	385	385	385	385	385	385	385	4,620
		2012	水道光熱費	156	156	156	156	156	156	156	1,872
		2013	通信費	332	332	332	332	332	332	332	3,984
		2014	保険料	0	0	1,005	1,100	0	0	0	2,105
			支払報酬	840	80	8,080	80	80	80	80	9,720
		2015	税理士	560	0	0	0	0	0	0	560
		2016	弁護士	80	80	80	80	80	80	80	960
		2017	監査法人	0	0	8,000	0	0	0	0	8,000
		2018	その他	200	0	0	0	0	0	0	200
		2019	租税公課	44	44	44	44	44	44	44	528
		2020	支払利息	142	135	128	94	89	85	81	1,305
		2021	その他諸経費	3,852	3,852	3,852	3,852	3,852	3,852	3,852	46,224
		2022	法人税等	0	0	1,062	0	0	0	0	2,124
				45,183	44,556	72,885	62,381	48,833	46,911	47,047	602,222
				9,518	9,939	-17,996	-5,128	8,814	11,130	11,388	74,194
投資活動収支	収入	3001	固定資産売却	0	0	0	0	0	0	0	0
		3002	その他売却等	0	0	0	0	0	0	0	0
				0	0	0	0	0	0	0	0
	支出	4001	固定資産取得	0	0	0	1,045	0	0	0	1,605
		4002	その他取得等	0	0	0	0	0	0	0	0
				0	0	0	1,045	0	0	0	1,605
				0	0	0	-1,045	0	0	0	-1,605
財務活動収支	収入	5001	借入収入	0	0	0	0	0	0	0	0
		5002	その他	0	0	0	0	0	0	0	0
				0	0	0	0	0	0	0	0
	支出	6003	借入返済	450	450	450	450	450	450	450	5,400
		6004	その他	0	0	0	0	0	0	0	50,520
				450	450	450	450	450	450	450	55,920
				-450	-450	-450	-450	-450	-450	-450	-55,920
			増減額	9,068	9,489	-18,446	-6,623	8,364	10,680	10,938	16,669
			次月繰越	157,599	167,088	148,641	135,218	143,583	154,262	165,200	165,200

（出所）著者作成

【図表15－4　金融機関の性格】

種類	融資規模	金利	リスク感度	適した会社
信用金庫 信用組合	小規模	高い	低い	中小企業
地方銀行	中規模	真ん中	やや高い	地元大手 中堅上場会社
都市銀行 メガバンク	大規模	低い	高い	上場会社 中心

（出所）著者作成

　図表15－4の整理は一般論であり，十分な担保・保証が見込めるなど回収の
見込みが高ければ中小企業でもメガバンクからの借入が可能なこともあります。
中小企業だからといってはじめから諦めるのではなく，低金利での借入の実行
を実現できるメガバンクとの取引をチャレンジしてみることをお勧めします。
　ただし，メガバンク等は金利が低い一方で，リスクを感じると損失回避のた
めにすぐに資金の引き上げをせざるを得ませんが（金利が低い分リスク感度が
高い），信用金庫等のほうが急な資金の引き上げ等をしない傾向がある（金利
が高い分リスクにある程度は耐えられる）とも言われていますので，どの金融
機関が望ましいか一概にはいえません。1つの見方として，事業が安定的なら
金利が低いメガバンク，そうでないなら信用金庫等，ということはいえます。

（2）業務フローチャート（銀行借入）

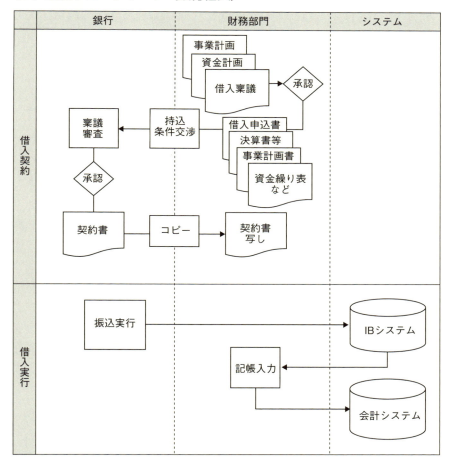

【借入契約】

　事業計画や資金計画に基づいて資金調達が必要と判断された場合，借入の稟議申請を回付します。

　承認後，銀行に相談し必要書類を提出するとともに，借入可能額や利率等の借入条件についてすり合わせを行います（提出した書類は基本的には返してもらえないのであらかじめコピーを取っておきます）。

銀行によって条件がかなり違う場合もありますので，複数の銀行に持ち込んで借入条件を比較し申し込む銀行を絞り込み，最も良い条件の銀行で審査を進めてもらうよう依頼します。

銀行での審査通過後に銀行との間で金銭消費貸借契約書を締結します。

なお，契約書は1通しか作られず原本は銀行が保有するのが日本の慣習ですので，多くの場合，会社は契約書原本を手に入れることができません。代わりに銀行からコピーを入手して写しを保管します。

この一連のやり取りにはおおむね1カ月くらいかかるので，時間的に余裕を持って借入手続を進める必要があります。

そのほか，急な資金需要に備えるために，当座貸越契約やコミットメントラインによる融資枠を確保することもあります。

当座貸越契約とは，融資の限度額を設定してその契約期間内は限度額の範囲内で審査なしで繰り返し借入と返済を可能にする契約で，通常は1年契約です。

コミットメントラインは長期で契約することもできる借入枠なので，長期で契約した場合は短期のうちに返済を要求されることを回避することができ信用下落等に伴う貸しはがしのリスクは当座借越契約より低いですが，金利のほかに借入枠に対する手数料を支払う必要があり，また，必ずしも長期で契約できるわけでもありません。さらに，コミットメントライン契約を締結できる会社は，「特定融資枠契約に関する法律」により一定の規模以上ないし交渉力があるであろう会社に限定されています。

【借入実行】

契約に従い，銀行口座に振込が行われたことをIBにて確認後，財務部門は借入金の仕訳を起票し会計システムにて計上します。

| （借）現金預金 | ××× | （貸）長期借入金（負債） | ××× |

第15章　資金計画・調達管理　227

（3）業務フローチャート（利息支払・元本返済）

	銀行	経理部門	システム
利息支払・元本返済	自動引落しによる回収	返済利息支払予定表／支払依頼書 → システム入力 → 会計システム／支払管理表 ⋈ IBシステム（自動引落し）照合／記帳入力 → 会計システム	

【利息支払・元本返済】

　経理部門（ないし財務部門）は，借入実行時に銀行から受け取った元本返済と利息支払の予定表に基づいて，銀行引落しの処理をあらかじめ会計システムに入力しておきます。

　経理部門は毎月会計システムから出力した支払管理表とIBシステムの支払データを照合して引落しが実行されていることを確認し，会計システムに元本の返済と利息支払の仕訳を反映させます。

（借）長期借入金（負債）	×××　（貸）現金預金（資産）	×××
支払利息（費用）	×××	

（4）期末管理

①残高の妥当性

　期末には銀行残高確認状を入手して，金額，返済期日，利率，担保，保証人等について借入金元帳等と照合し，残高の正確性・網羅性を検証します（「第

１章　現金預金管理　第５節　預金残高管理」参照）。

②経過勘定計上
　支払利息は借入期間に応じて計上するので，経過勘定により適切な期間に計上します（「第11章　決算業務　第３節　決算手続　（６）経過勘定計上」参照）。

③長短分類
　当初から融資期間が１年以内の借入金は「短期借入金」（流動負債）に計上し，２年超の借入金は「長期借入金」（固定負債）に計上します。なお開示上は長期借入金のうち１年以内に返済する金額は「一年内返済長期借入金」（流動負債）に計上します。また，１年以内に返済期限が到来する金額が僅少な場合はすべてを長期借入金に含めて表示することができます。これらは期末残高の状況に応じて組み替えます。

（５）支払利息のオーバーオールテスト
　経理部門や会計監査において実施される支払利息の妥当性を検証する手法として，オーバーオールテストがあります。
　借入金の口数が少ない場合は借入契約ごとに利息計算を検証すればよいですが，借入金の口数が多い場合は借入契約ごとに検証するのは工数がかかりすぎて現実的ではありません。そこで期中平均借入金残高に平均利率を乗じて概算の支払利息を求めPL計上額と比較することで，支払利息の妥当性を検証することがあります。これをオーバーオールテストといいます。概算と実績の乖離が大きい場合には，その原因を検証する必要があります。
　なお，期中平均借入金残高の算定方法には「期首借入金残高と期末借入金残高の合計を２で割る」，「期首借入金残高と各月末借入金残高の合計を13で割る」の方法があります。
　オーバーオールテストは，借入金の元本は簿外処理しているが支払利息はPL計上しているケースを発見するのにも役立ちます（借入金の網羅性検証）。

第15章　資金計画・調達管理　229

4　増　資

（1）増資とは

　株式会社は株主が所有者である会社であり，資本は株主から拠出された資金とそれに基づき稼得された利益等からなります。

　増資とは，主として株式会社において資本金を増やすことをいいます。資金調達を目的とする場合は実際に既存株主や新たな株主である第三者から現金等の拠出を受けて増資を行いますが（有償増資），利益剰余金や資本剰余金を資本金に振り替えて純資産の部を増加させることなく資本金を増やす増資や（無償増資），既存の借入金等の債務について債権者が債権による現物出資を行うことで資本に振り替える増資などがあります（デット・エクイティ・スワップ（Debt Equity Swap，DES））。

　なお，反対に資本金を減らすことを減資といいます。

①有償増資

（借）現金預金	×××	（貸）資本金（純資産）	×××

②無償増資

（借）利益剰余金（純資産）	×××	（貸）資本金（純資産）	×××

③DES

（借）借入金（負債）	×××	（貸）資本金（純資産）	×××

　ここでは資金調達の観点なので本節では有償増資について取り扱います。また，本書では触れませんが，増減資は課税関係に影響を与えることもある点に注意が必要です。

（2）業務フローチャート（増資手続・実行）

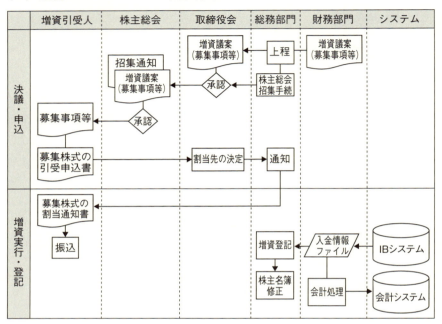

【決議・申込】

　財務部門で資金計画に基づいて増資の募集事項等を検討し，議案を取締役会に上程します。非公開会社の場合，総務部門は同時に株主総会開催について上程し，並行して株主総会招集手続の準備を始めます。

　取締役会では上程された増資議案と株主総会の開催について協議し決議します。取締役会承認後，増資議案を上程する株主総会の招集通知を発信します。

　増資について株主総会で承認決議が行われたのちに，募集株式を引き受けようとする者へ募集事項等を通知します。通知を受けた引受人が増資を引き受ける場合は，募集株式の引受申込書（図表15-5）を新株発行会社に提出します。

　取締役会では引受申込書に基づき新株を割り当てる先を決定し，総務部門が割当株式の種類および数，振込先口座および払込期日の案内を引受人に送付します（図表15-6）。

第15章　資金計画・調達管理　231

【図表15－5　募集株式の引受申込書】

募集株式の引受申込書

○○株式会社 御中

当社は，下記のとおり貴社の募集株式の引受申込みをおこないます。

記

引き受ける募集株式の数　　○○株

年　　月　　日

（所在地）

（申込者）　　　　　　　㊞

（連絡先）

（担当者）

（出所）著者作成

　なお，上記は割当通知後に引受人に支払を求めている例ですが，公募増資等の不特定多数の株主から募集する場合は，申込時に株式の全部または一部の対価の支払を要請することがあります。この場合の入金は「新株式申込証拠金」として計上し，割当後に払込金に振り替えます。

【増資実行・登記】

　増資引受人は新株発行会社からの募集株式の割当通知書に基づいて，指定された銀行口座に振込を行います。

　財務部門は払込期日後にIBシステムから入金情報を確認し，資本金等を増額する仕訳を計上するとともに，総務部門に共有します。

　総務部門は払込期日から2週間以内に増資の変更登記を行います。増資には「株主総会議事録」，「取締役会議事録」，「株主リスト」，「募集株式の引受申込書」，「出資金の払い込みがあったことの証明書（通帳写し等の添付）」，「資本金の計上に関する証明書」の書類提出が必要です（具体的には法務局のホームページで確認できます）。

【図表15－6　募集株式の割当通知書】

令和○○年○○月○○日
申込人各位

東京都○○区○○町○-○-○

○○株式会社

代表取締役　○○○○

第三者割当による募集株式発行についてのご通知

拝啓　時下ますますご清栄のこととお喜び申し上げます。さて，当社が令和○○年○○月○○日の株主総会および令和○○年○○月○○日の取締役会にて決議いたしました第三者割当による募集株式を別紙割当先一覧のとおり貴社に対し割り当てましたので通知いたします。　つきましては，下記の要領で募集株式の払込金額をお振込みいただくようお願いいたします。　なお，払込期日までにお振込みがない場合には，当該募集株式の割当が受けられなくなりますので，あらかじめご了承いただければ幸いです。

敬具

記

割当株式の種類及び数	普通株式　○○株
払込金額	○○○○円（一株当たり○○円）
払込口座	○○銀行○○支店　普通　○○○○○
払込期日	令和○○年○○月○○日

＊振込手数料は貴社ご負担とさせていただきます。

以上

（出所）著者作成

　登記完了後，新株主を株主名簿に追加します。株主名簿は配当金受取等の株主権の行使のベースとなります。なお，今の会社法では，株券は原則不発行です。

第**16**章

会社に必要なルール

| 1 | 主要な規程等 |
| 2 | 必須となる規程等 |

（1）定　　款
（2）取締役会規程
（3）監査役（会）規程
（4）組織規程
（5）職務分掌規程
（6）職務権限規程
（7）稟議規程
（8）経理規程
（9）販売管理規程
（10）購買管理規程
（11）与信管理規程
（12）コンプライアンス規程
（13）就業規則
（14）賃金（給与）規程
（15）人事（考課）規程
（16）文書（情報資産）管理規程
（17）情報セキュリティ管理規程
（18）署名・印章等管理規程

　会社が健全かつ効率的に運営されるためにはルール（内部統制）が必要であり，そのルールを文書に落とし込んだものが「規程」「細則」「通達」「マニュアル」などと呼ばれています。明確な決まりはないですが「規程」＞「細則」＞「通達」＞「マニュアル」の順番で重要とされていることが多いと思います。

　本章で紹介する規程等は必ずしも経理・財務に直接的に関連するものでないものも含まれますが，会社のルールの全体像をつかむことで経理・財務に関連する規程等の位置づけも見えてくるため，簡単に紹介していきます。

1 主要な規程等

会社において一般に必要とされる諸規程等には，たとえば図表16-1のようなものがあります。

【図表16-1　主要規程一覧】

分類	必須	名称	分類	必須	名称
基本・経営規程	○	定款	内部監査・コンプライアンス規程	○	コンプライアンス規程
	○	取締役会規程			クレーム管理規程
	○	監査役（会）規程			反社会的勢力対応規程
		経営会議規程			インサイダー取引防止規程
		役員規程			個人情報管理規程
		規程等管理規程			内部通報規程
		役員退職慰労金規程			知的財産管理規程
組織関連規程	○	組織規程（組織図）	人事関連規程	○	就業規則
	○	職務分掌規程		○	賃金（給与）規程
	○	職務権限規程			退職金規程
		稟議規程			旅費規程
		関係会社管理規程			慶弔見舞金規程
		関連当事者管理規程			育児介護休業規程
		内部監査規程			ハラスメント防止規程
				○	人事（考課）規程
業務関連規程	○	経理規程（予算管理を含む）	総務関連規程	○	文書（情報資産）管理規程
		原価計算規程		○	情報セキュリティ管理規程
	○	販売管理規程		○	署名・印章等管理規程
	○	購買管理規程			株式取扱規程
		外注管理規程			適時開示規程
		固定資産管理規程			車両管理規程
		棚卸資産管理規程			
	○	与信管理規程			

（出所）著者作成

　図表16-1で「必須」としている規程は，主にIPO時に優先的に整備が求められるものです。これら以外も必要に応じて整備しなければなりません。

　なお，この表の規程等の大半は，『経理規程ハンドブック』（有限責任監査法人トーマツ編，中央経済社）や『就業規則の法律実務』（石嵜信憲編著，中央経済社）などの多くの書籍やインターネットサイトで紹介されていますので，参考となる事例・ひな形の入手は比較的容易です。

第16章　会社に必要なルール　235

② 必須となる規程等

本節では，前節で「必須」とされている規程等について簡単に紹介します。

（1）定　　款

定款とは，会社を運営する前提となる基本的なルールについて書かれたもので，法人の目的・組織・活動・構成員・業務執行などを定めたものです。

株式会社の定款の記載事項は以下のとおりです。

①絶対的記載事項（定款に必ず記載しなければならない項目）
・（事業の）目的
・商号（会社名）
・本店の所在地
・資本額（設立に際して出資される財産の価格又はその最低額）
・発起人の氏名又は名称及び住所
・発行可能株式総数
②相対的記載事項（定款に記載しないと効力が発生しない事項）
・現物出資/財産引受/発起人報酬等/設立費用（変態設立事項）
・株主総会の招集通知を出す期間の短縮
・取締役会設置
・株式譲渡制限　　　　　　　　　　　　　　　　　　　　　etc.
③任意的記載事項（法律に反しない限り任意で決められる事項）
・事業年度
・取締役の人数
・株主総会の開催時期
・役員報酬
・配当　　　　　　　　　　　　　　　　　　　　　　　　　etc.

定款は株式会社を設立する際に必ず整備しなければならないルールで，法人登記に先立って公証人役場等で認証手続を行う必要があります。

（2）取締役会規程

　取締役会規程は，会社の意思決定機関であり業務執行を決し取締役の職務の執行を監督する取締役会に関するルールです。

　取締役会の目的，開催方法，開催日，場所，時間，招集方法，議長，付議すべき（取締役会の承認を取るべき）事項，決議方法，議事録の作成方法などを定めるもので，内容的には円滑な取締役会の運営を支えるマニュアルに近いものです。

（3）監査役（会）規程

　監査役（会）規程は，取締役の職務の執行について業務監査と会計監査を行い監査報告書により株主総会に報告を行う監査役（会）に関するルールです。

　監査役（会）の目的，常勤監査役の選定・解職，開催日，場所，時間，招集方法，決議方法，付議すべき事項，報告方法，報告に対する措置，監査報告書の作成方法，会計監査人の選任・報酬の同意，議事録の作成方法などを定めるので，内容的には円滑な監査役（会）の運営を支えるマニュアルに近いものです。

（4）組織規程

　組織規程は，会社の組織（本部・部・課など），職位（社長・副社長・専務・常務・本部長・部長・課長など），組織運営について定めるものです。通常は別表で組織図を添付します。

（5）職務分掌規程

　職務分掌規程は，会社の各組織が受け持つ会社の業務を定めるものです。

　たとえば，営業部であれば「営業活動」，「企画提案」，「新規市場開拓」，「マーケティング活動」などであり，経理部であれば「決算方針の立案」，「財務諸表作成」，「本決算，四半期決算，月次決算」，「勘定科目の制定・改廃」，「有価証券報告書の作成」…「会計監査対応」，「税務申告書作成」など，それぞれの部署の守備範囲を定めることで，業務の重複や抜け漏れがないことを確認します。

（6）職務権限規程

職務権限規程は，各職位が有する責任と権限を定めるものです。また，その権限の委任の方法や範囲，代行の方法なども定めます。取締役会，社長，担当役員，部長といった職位ごとに，会社のさまざまな意思決定事項について最終承認（意思決定）権限を有する者を定めるとともに，起案者，報告先，審査者なども定めることで，正統かつ迅速な意思決定をスムーズに行えるようにすることを目的とします。

（7）稟議規程

稟議規程は，会社の決裁基準およびその手続を定めるものです。会社によっては職務権限規程に含めて規定することもあります。

稟議の種類を定め（甲稟議，乙稟議，丙稟議，丁稟議など），その内容に応じて決裁権限者（機関）を定めます。通常は決裁基準表のような表形式でこれをまとめます。

そのうえで具体的な稟議手続（起案者，稟議フォーマット，捺印者，稟申番号，回付方法，関係部の設定，通知方法など）を規定します。

（8）経理規程

経理規程は，会社における経理業務に関する基本的なルールです。現金出納，債権債務管理，予算管理，決算業務，税務申告業務など会社によってその範囲は異なるものの，多岐にわたって規定します。

経理規程に財務経理関連のすべてのルールを盛り込もうとすると，非常に長く重厚なものになりすぎますので，経理規程では大枠を定め，「細則」，「通達」，「マニュアル」で細かいルールを補うやり方が効率的です。また，一般的に「○○規程」の変更は取締役会決議事項などの非常に大変な決裁事項となりますので，経理や税務など，会計基準や税法の改訂により日常的に変更が生じるルールは原則のみを規程に定めるにとどめ，大半は比較的自由度の高い「細則」，「通達」，「マニュアル」で定めることが実務的です。

（9）販売管理規程

　販売管理規程は，会社が製品やサービスの販売活動を管理するためのルールです。受注，出荷，請求および債権管理の一連の販売に関する手続を定め，会計的には売上の認識（いつ計上するか）・測定（いくらで計上するか）およびそれらに必要な証憑（出荷記録，受領書，検査完了書ないし契約書等）を具体的に定めるものです（「第3章　販売・売上債権管理　第1節　売上業務」参照）。

（10）購買管理規程

　購買管理規程は，会社の購買活動を管理するためのルールです。見積依頼，発注，入荷・検収，請求，債務管理の一連の購買に関する手続を定め，会計的には仕入等の認識・測定およびそれらに必要な証憑（入荷記録，納品書ないし契約書等）を具体的に定めるものです（「第4章　購買・仕入債務管理　第1節　購買業務」参照）。

（11）与信管理規程

　与信管理規程は，取引先の与信管理をするためのルールです。与信管理とは，取引先の信用力（代金を支払える能力）を評価し，与えた信用に応じて各取引先といくらまで取引を行ってよいかの金額や条件を設定することをいいます。

　与信管理の重要性は会社によって異なります。多数の得意先を有して回収期間が比較的長期になるケースが多い会社では重要ですが，得意先が少ない場合や，不特定多数の消費者を相手とする場合，現金商売や前受金を前提として売上が計上される場合などは，与信管理の重要性が低いため経理規程や販売管理規程など他の規程に含めて規定するか，まったく作らないこともあります。

　債権の貸倒は引き渡した商品の回収もできない場合が大半であるため，債権額がそのまま損失になることから，金額によっては会社の存続にかかわる可能性もあり，営業は常に回収不能のリスクを意識して業務を行う必要があります。営業としては面倒な手続ですがその意義を浸透させることが大切です。

　債権の回収までが営業の責任ではありますが，貸倒は不可避的に生じることもあるため，回収可能性について一定の検討をしたことを与信管理の手続で残

すことは営業を守ることにもなります。

　他方で，与信管理が過度に厳しくなることは会社の成長の妨げにもなりかねないため，与信管理ルールや担当部署による運用はバランス感覚が必要です。

（「第3章　販売・売上債権管理　第1節　売上業務」　参照）

(12) コンプライアンス規程

　コンプライアンス規程は，コンプライアンス（法令遵守から始まり，近年は広く社内規程・社会規範等の遵守まで含む）の推進・管理のためのルールです。

(13) 就業規則

　就業規則は，雇用主と労働者の間の雇用に関するルールです。具体的には勤務時間，休日，休暇，賃金，退職に関する事項，安全衛生，職業訓練，災害補償などを定めます。

　なお，常時10人以上の従業員を使用する使用者は，労働基準法（昭和22年法律第49号）第89条の規定により，就業規則を作成し所轄の労働基準監督署長に届け出なければならないとされています。就業規則を変更する場合も同様に，所轄の労働基準監督署長に届け出なければなりません。

(14) 賃金（給与）規程

　賃金（給与）規程は，就業規則の絶対的必要記載事項である賃金に関してより詳細に定めるものです。就業規則では賃金の決定方法，計算および支払の方法，賃金の締め切り・支払時期，昇給が絶対的必要記載事項ですが，これだけでは十分ではないことが多く，別途賃金（給与）規程を定めるのが一般的です。

(15) 人事（考課）規程

　人事（考課）規程は，従業員の人事評価に関するルールです。従業員の評価を公平に行うために評価基準をできるだけ明確にするものです。

(16) 文書（情報資産）管理規程

　文書（情報資産）管理規程は，社内の文書等（含，情報資産）の作成，保存，

廃棄等，文書等の取扱い・管理について定めたルールです。部署に関係なく情報を円滑に共有，また厳正に管理することを目的とします。稟議書，企画書，事業計画書，業務報告書，議事録，取引先と交わした契約書など，さまざまな文書等が対象となります。

(17) 情報セキュリティ管理規程

情報セキュリティ管理規程は，会社で取り扱う情報等についてそのセキュリティを十分な水準に維持するために定められたルールです。主にITで活用される情報を保護する目的で定められます。

──☞ Appendix　12. ITセキュリティ従業員向けルール　参照

(18) 署名・印章等管理規程

署名・印章等管理規程は，会社の署名権者の署名や印章（公用印，ハンコ）の使用，保管，種類などについて定めたルールです。

──☞ Appendix　10. 署名・印章等管理規程　参照

Appendix

「細則」「通達」「マニュアル」等

Appendix 「細則」「通達」「マニュアル」等
[1] 小口現金取扱要領
[2] 現金等実査実施要領
[3] 切手・収入印紙等管理要領
[4] 反社会的勢力調査マニュアル
[5] 自主残高確認実施要領
[6] 滞留債務管理要領
[7] 実地棚卸実施要領
[8] 滞留商品管理要領
[9] 固定資産実査実施要領
[10] 署名・印章等管理規程
[11] 見積項目計上要領
[12] ITセキュリティ従業員向けルール
[13] なりすましメール対応要領
[14] 非通例取引に係る取扱要領

　Appendixでは，書籍やインターネットで参考となる実例が手に入りにくいルールをできるだけ紹介します。

【データ版】「フローチャート」「Appendix」等ダウンロードのご案内

　本書でご紹介しているフローチャートやAppendixのデータ版（一部，本書の記述と異なる箇所があります）を，Webからダウンロードすることができます（有料）。
　右記の中央経済社が運営する「ビジネス専門書Online」にアクセスしていただき，「編集者のコメント」欄からURLをクリックしてお進みください。

https://www.biz-book.jp/isbn/978-4-502-51011-3

　データのダウンロード後は編集が可能ですので，自社に合わせた規定を作成することができます。
　なお，読者の皆様の利便性を高めるためコピーガードは付しておりませんが，著作権は著者に帰属しております。第三者へのデータの譲渡や販売などは禁止です。ご使用の際は自社内に留めてください。
㈱中央経済社

1 小口現金取扱要領

　小口現金は日々発生する少額の支出（備品購入，お茶代，従業員の交通費など）の支払のために使われる，社内に用意する少額の現金のことです。

　現金自体を手許に保有すること自体に横領・盗難のリスクがあるので，小口現金は持たずにすべて振込にしている会社が増えていますし，そのほうが望ましいです。やむを得ず小口現金を持たざるを得ない場合であっても，適切にルールを整備し運用する必要があります。

小口現金取扱要領

1．目的
　この要領は，小口現金の取扱いを明瞭かつ円滑に行うために必要な事項を定めることを目的とする。

2．小口現金とは
　この要領において，小口現金とは，やむを得ず現金での支払が必要な場合に，経理責任者が業務上必要と認める範囲で，小口現金取扱責任者に対して前渡しする手許現金をいう。

3．小口現金の取扱い等
　経理責任者は，経理担当者の中から小口現金取扱責任者を指名し，本社経理部門及びその他各拠点の小口現金取扱担当者の事務を監督させ，及び必要な処置を行わせることができる。

4．小口現金の設定
　小口現金取扱担当者は，小口現金の設定・変更・廃止について，小口現金取扱責任者の承認を得たうえで，経理責任者に申請しなければならない。
　経理責任者は，小口現金の設定の必要性を認めた場合は，小口現金の限度額を決定し，当該小口現金取扱担当者に前渡をする。

5．小口現金の最高限度額
　前渡する小口現金の最高限度額は以下を超えない範囲とし，必要最小限を保有するよう努めるものとする。

本社経理部門：30万円

　　その他各拠点：10万円

6．小口現金の保管

　小口現金は，その他の金銭と区別して，安全な方法により保管し，及び管理しなければならない。

　就業時間外は，手提げ金庫等に保管したうえで大金庫等に保存し，手提げ金庫の鍵と大金庫等の鍵の両方を開錠できる者がいない環境で保管する必要があることに留意する。

　就業時間中は，手提げ金庫等に保管した手許現金は，小口現金取扱担当者が自身の机のキャビネット内等に保管し，離席する場合はキャビネットを施錠する等により，他者が容易に持ち出せないように管理する。

7．小口現金の支払

　小口現金による支払は，相手方からの領収書を受領するものとする。

　小口現金取扱担当者は，現品，その他を提示させる等の方法により，法人が支払うべきものであることを確認しなければならない。

　小口現金による「仮払金」の出納を行う場合は，別に定める仮払申請の手続を経なければならない。

　小口現金の1回の支払の限度額は「5万円まで」とする。但し，特別な理由がある場合は，経理責任者の判断によるものとする。

8．小口現金の記帳及び照合

　小口現金取扱担当者は，毎日の小口現金出納業務終了後，小口現金の受払を所定の「小口現金出納帳」に記帳し，小口現金の現在高と帳簿残高との照合をしなければならない。

　小口現金出納責任者は，照合結果の一致を確認しなければならない。

9．小口現金の精算

　小口現金経理責任者は，毎月末に支払に関する証憑を添付した小口現金出納帳の写しを経理責任者に提出しなければならない。

10．小口現金の補充

　小口現金経理担当者は，必要に応じて，小口現金取扱責任者の承認を得たうえで小口現金の補充を経理責任者に申請する。

11．小口現金の変更及び廃止

　小口現金経理責任者は，小口現金の限度額の増減等の変更が必要なとき又は小口現金をおく必要がなくなったときは，小口現金の変更・廃止に関して経理責任者に申請し，その指示を受けなければならない。

　経理責任者は，小口現金の使用状況に応じ，小口現金の限度額の増減又は廃止について，必要な指示を行うことができる。

　　　　　　　　　　　　　　　　　　　　　　　　　　　　　　　　　　以　上

② 現金等実査実施要領

　現金はもちろん，換金性資産は横領のリスクが高いため，原則としてできるだけ手許に持たないことが望ましいです。しかし業務の都合により社内や貸金庫等で持たざるを得ない場合もありますので，その場合はその管理を厳密に行うために実査を定期的に行う必要があります。

<u>現金等実査実施要領</u>

１．目的
　本要領は，資産の実在性を確かめるために換金性資産の現物を実際に目視にて数量や内容を確かめる「実査」を円滑に実施することを目的とする。

２．対象
　本要領の対象は，現金，受取小切手・手形，有価証券，及び，その他換金性資産（切手・収入印紙等）とする。※

３．頻度
　現金及び受取小切手・手形については日次にて実査を行い，有価証券及びその他換金性資産については月次にて実査を行う。

４．現金実査
　取扱担当者は，毎日の営業時間の終わりに金種表を用いて，金種毎の数量を集計し，現金出納帳の残高と照合する。

取扱責任者はその実施状況を確認したうえで，実査・照合結果を承認する。

なお，取扱責任者は日常的な出納や実査は行わないが，年に4回以上抜き打ちで実査を実施するものとする。

5．受取小切手・手形

取扱担当者は，日次にて大金庫内の受取小切手・手形を計数し，小切手・手形台帳と照合する。

取扱責任者はその実施状況を確認したうえで，実査・照合結果を承認する。

なお，受取小切手・手形はその日のうちに銀行に預け入れ，終業時間には手元に残らないよう管理することが望ましい。

6．有価証券

取扱担当者は，毎月末ないし月初に大金庫内の有価証券を計数し，有価証券台帳と照合する。

なお，計数した有価証券を封筒に入れ糊付けにより封をしたうえで，糊付けの境部分に取扱担当者及び責任者の押印を行い，最終計数日と数量を記載することにより，月次の計数を省略し，記載された数量を正として有価証券台帳との照合を行うことができるものとする。

取扱責任者はその実施状況を確認したうえで，実査・照合結果を承認する。

7．その他換金性資産

切手，収入印紙，商品券，タクシーチケット等の換金が容易な資産については，受払簿に基づいて管理を実施する。

取扱担当者は，毎月末ないし月初に大金庫内のその他換金性資産を計数し，受払簿と照合する。

取扱責任者はその実施状況を確認したうえで，実査・照合結果を承認する。

8．大金庫内保管物リスト

本実査の対象となる資産が保管される大金庫については，会社にとって重要な資産，印章及び文書等のみが保管される必要がある。

そのため，大金庫内保管物リストを整備し，四半期に一度，当該リストに記載されているものが適切に保管されているか，当該リストに記載されていない重要でないものが保管されていないかを確かめる。

以　上

※現金はもっともリスクが高いため，従業員の立替え払い，後日振込とすることで現金を保有しないことが最も望ましい。

小切手・手形は電子記録債権法の施行により，紙で保有することが減少してきている。

また，株券についても多くの会社は株券不発行の形式をとっており，上場会社の株券はすべて電子化されているため，残高確認状や売買契約書，証券会社発行の取引報告書を確認することで実在性を確認できることが多くなっている。

もし実務上これらが達成できるのであれば，その他換金性資産のみを対象としたシンプルなルールで運用することも可能であるし，リスクが低くかつ効率性の観点からも望ましいといえる。

③ 切手・収入印紙等管理要領

切手・収入印紙などの換金性の高い資産は，現金に次いで横領のリスクが高い資産になります。そのため比較的しっかりとした内部統制を整備し運用する必要があります。

切手・収入印紙等管理要領

1．目的

この要領は，切手，レターパック及び収入印紙（切手等）を適切に管理するために必要な事項を定めることを目的とする。

2．切手等の保管

切手等取扱担当者は，＜別表１＞の左欄に掲げる切手等の区分に応じ，同表の右欄に掲げる枚数を上限に手提げ金庫に保管するものとする。

就業時間外は，手提げ金庫に保管したうえで大金庫に保存し，手提げ金庫の鍵と大金庫の鍵の両方を開錠できる者がいない環境で保管する必要があることに留意する。

就業時間中は，手提げ金庫に保管した切手等は，切手等取扱担当者が自身の机のキャビネット内等に保管し，離席する場合はキャビネットを施錠する等により，他者が容易に持ち出せないように管理する。

3．使用申請

切手等の使用申請は＜別表２＞切手等使用申請書に基づいて行うものとする。

使用する切手等の使用量が多い，ないし１万円以上の収入印紙が必要な場合は使用する日の３営業日前までに申請を行わなければならない。

4．記帳及び照合

切手等取扱担当者は，切手等を購入し，または使用した都度，＜別表３＞切手等受払

簿に必要事項を記入する。

切手等取扱担当者は，毎月15日（同日が休商日の場合は直前営業日）に＜別表４＞切手等実査表を用いて切手等の現在高と受払簿残高を照合しなければならない。また，経理課長は当該照合結果を確認する。

5．切手等の補充

切手等取扱担当者は，必要に応じて，経理課長の承認を得たうえで切手等の補充を行う。

以　上

＜別表１＞

区分	金額	枚数
切手	1円	10枚
	2円	10枚
	10円	30枚
	40円	20枚
	85円	30枚
	100円	20枚
	110円	300枚
	180円	30枚
	270円	10枚
	300円	10枚
レターパックライト	430円	10枚
レターパックプラス	600円	10枚
収入印紙	200円	30枚
	400円	15枚
	600円	15枚
	1,000円	15枚
	2,000円	10枚

＜別表２＞

切手等使用申請書

年　　月　　日

切手等取扱担当者	所属課長			申請日				
月　日	月　日			申請者	所属			
					氏名			
					社員No.			

使用目的	

切手	円	枚	円	枚
	円	枚	円	枚
レターパック	レターパックライト（430円）	枚	レターパックプラス（600円）	枚
収入印紙	円	枚	円	枚
	円	枚	円	枚

＜別表３＞

切手受払簿（　　　　　円）

月	日	購入数	使用数	在庫数	所属	担当者

収入印紙受払簿（　　　　　円）

月	日	購入数	使用数	在庫数	所属	担当者

Appendix 「細則」「通達」「マニュアル」等　249

＜別表４＞

切手等実査表

実施日：2024年○月○日

区分	金額	実数	台帳	差異
切手	1円			
	2円			
	10円			
	40円			
	85円			
	100円			
	110円			
	180円			
	270円			
	300円			
レターパックライト	430円			
レターパックプラス	600円			
収入印紙	200円			
	400円			
	600円			
	1,000円			
	2,000円			

	実残高	台帳残高	雑損
貯蔵品残高	0円	0円	0円

経理課長	担当

4　反社会的勢力調査マニュアル

　反社会的勢力調査はコンプライアンス上で重要です。

　実務でそのまま使えるような反社会的勢力調査マニュアルを紹介している書籍やインターネットサイトは少ないため，本書にて紹介します。

反社会的勢力調査マニュアル

1．目的
　本マニュアルは，新規取引開始及び既存取引先の取引継続における取引先の反社会的勢力（以下，反社）との関係の有無を含む属性チェックの手続について定めるものである。

2．反社の定義
　反社とは「暴力，威力と詐欺的手法を駆使して経済的利益を追求する集団又は個人」のことをいい，「暴力団」，「総会屋」，「社会運動標ぼうゴロ」（えせ右翼活動，えせ同和運動），「ブラックジャーナリズム」，「金融商品取引法等に違反する反市場勢力」などの違法，不当な行為を行う団体，個人等を指す。

3．適用範囲
（1）反社の排除にかかる信用調査を実施する範囲は以下の通りとする。
- ●「売上」「仕入」「経費」等の全ての取引先
- ●株主
- ●役員及び従業員

（2）次に定める取引先については，報道等によるコンプライアンス上の懸念が特段生じていない場合は調査を不要とする。
- ●官公庁などの公的機関
- ●大手金融機関及びその子会社（出資比率が過半であるものを含む）
- ●法律事務所，司法書士事務所，行政書士事務所，税理士事務所，特許事務所及び監査法人
- ●公益社団法人及び公益財団法人
- ●当社の取引金額の年間累計見込みが５百万円（税抜）以下の場合

4．取引先に対する実施方法
（1）申請部署は「反社チェック申請書」＜別表１＞により，新規取引先については取引開始前，既存取引先については原則として年に１度一定の時期を定め，継続取引先で前回調査実施から１年以上経過している取引先について調査を行う。

　　　経営者及び出資者の変更が明らかになった場合や，報道等によりコンプライアンス上の懸念が明らかになった場合は，申請部署は速やかに再調査の申請を行わなければならない。

Appendix 「細則」「通達」「マニュアル」等 251

（2）反社チェック担当者は，新聞記事検索サービス※1を利用した調査を以下の手順で行う。

① 申請部署から提出された「反社チェック申請書」＜別表1＞を元に，取引先と代表取締役を調査する。個人が取引先となる場合には，その個人名をもって調査する。当該取引先の業種等によっては，反社チェック責任者の判断により，取引先役員全員，取引先の主要取引先，取引先の主要株主，取引先の関係会社及び当該関係会社代表取締役等も調査対象に含めるものとする。

② 新聞記事検索サービスにて，取引先と代表取締役名にて検索を行う。当該検索において多数の検索結果が検索された場合，最低限下記のキーワードを用いて絞込みを行う。

＜キーワード＞※2
"検索対象" AND（"行政指導 OR 送検 OR 捜査 OR 逮捕 OR インサイダー OR 架空 OR 脱税 OR 申告漏れ OR 罰金 OR 暴力団 OR 半グレ OR 抗争 OR ヤクザ OR 容疑 OR 反社 OR 事件 OR 違法 OR 違反 OR 疑い OR 偽装 OR 行政処分 OR 告訴 OR 摘発 OR スキャンダル OR 罪 OR 不正"）

③ 調査結果において何らかの該当があった場合には，詳細調査の手続を行う。

④ 詳細調査においては，反社チェック担当者は暴力団追放運動推進センター等への照会や，帝国データバンク等の企業データ等と記事検索調査結果で，住所，年齢，職業等を照合する。必要に応じてSNS等の検索も実施する。

⑤ 照合の結果，住所，年齢，職業等が一致しない場合は，反社との関連が無いものとする。

⑥ 照合の結果，住所，年齢，職業等が一致している，若しくは一致しているとみなされる場合には，原則的には取引を行わないものとする。ただし，取引を行うことの検討を継続する場合には，その他調査会社に追加調査を依頼するものとする。
　追加調査の結果，反社会的勢力との関連がある場合，又は反社会的勢力との関連が無いと結論するだけの確証が得られない場合には，原則として取引を行わない。

（3）その他の確認

取引先の登記簿をチェックし，申請内容と合致しているか，追加で確認すべき役員がいないか等を確認する。

必要に応じて「転送不要扱い」とした「簡易書留」による実在性確認や該当住所への訪問等を実施する。

5．株主に対する調査実施方法

年度末において確定する株主名簿を元に，主な株主（概ね上位30名程度）について，4．の手順に準じた調査を実施する。調査の結果，反社との関連があるとされる場合には，当該株主の持分の増減に留意し，当該株主からの要求等について顧問弁護士と相談し慎重に対応する。

6．役員に対する調査実施方法

取締役会において新規役員を株主総会の取締役選任議案として承認する場合，新規役員の以下の事項を対象に4．に準ずる調査を実施する。

- ●新規役員，当該新規役員の配偶者及びその2親等内の血族
- ●役員等によって発行済株式総数の過半数が所有されている会社及びその会社の代表取締役（必要に応じて，当該会社の財務諸表等規則上の関係会社及びその役員）

7．従業員にかかる調査実施方法

従業員を新規採用する場合，当該従業員の履歴書を元に，4．に準ずる調査を実施するものとする。

以　上

※1　具体的には日経テレコン，G-SearchないしDow Jonesなどの反社会的勢力情報データベースのことです。ただし，本リスクに過敏になるべき状況である場合を除き，一般的にはGoogle検索のみでも十分な効果があります。なお，これらのデータベースに対して効率化のためにRPA（Robotic Process Automation）を使いたい場合は，RPAによるアクセスを禁止しているサービスかどうかを事前に確認する必要があります。

※2　GoogleやYahooなどの検索サイトでは検索キーワードは32語までに限定されているので，ここでもあえて32語に収めています。

新聞記事検索サービスであればワード数を増やせるので，必要に応じて反社チェックについて紹介しているインターネットのサイトで調べてみてください。

Appendix 「細則」「通達」「マニュアル」等　　253

5 自主残高確認実施要領

　売上債権，未収金，貸付金，デリバティブ等について，定期的に相手先との残高確認を行うことで，社内の認識と社外の認識に差異がないかを確認できるとともに，不正実行者に対する牽制になります。

<留意点>
①営業部門等の残高に責任を持つ部署から独立した管理部門等が直接，確認状を取引先に送付⇒回収⇒分析する（営業部は発信・回収を行わない。営業部が作成したとしてもその内容を管理部門が確認のうえで発送）。
②管理部門担当者が行った，個々の残高確認・差異分析結果を，管理部門の上長が確認・承認する。
③残高確認作業の最終報告書は，取締役や担当役員等に正式に報告され，内容が確認される。
④自主残高確認の実施要領を整備する。特に対象となる勘定科目，金額基準等が適当であること。
⑤残高確認と実地棚卸や実査は同タイミングで行うことが望ましい。
⑥回収された残高確認状の印が個人印だけでなく正式な社判であること。
⑦発送する取引先の除外申請に不適切なものがないことを確認する必要がある（たとえば「訴訟中である」や「毎回クレームが来る」等は除外もやむを得ない部分もあるが，「いつも返信してこない」では不足）。

自主残高確認実施要領

　勘定残高の照合確認（以下「残高確認」）の実施要領は以下の通りとする。

第1条　対象取引先及び対象勘定科目
1．原則として全取引先への売掛金，未収入金，未収収益，立替金及び個別の残高確認実施時に経理部長が指定する勘定科目を対象とする。
2．前項に拘らず，以下各号の場合は対象取引先から除外することができる。
（1）残高合計が経理部長の定める基準額に満たない取引先

（2）官公庁，公社，銀行

（3）残高確認依頼書（以下「依頼書」という）発送前に当該残高を入金した取引先

3．前2項の他，会計監査人が残高確認を行った相手先並びに取引先から残高確認を受けた場合については，会計監査人並びに取引先の残高確認を準用し，依頼書の発送を省略することができる。但し，相手先の回答額に差異がある場合は第2条3項規定の報告を要する。

4．前2項以外の取引先の除外を希望する場合，営業部長は，その理由を付し，書面（任意様式）で経理部長に申請し，事前承認を得る。

第2条　実施手順

1．経理部長が，実施時期（年1回以上）を決定し，残高確認の実施について，残高の基準日，前条第2項の基準額，相手先からの回収日等の実施の詳細を記し，営業部長宛に社内通達する。

2．経理部が，帳簿残高を記載した依頼書を作成し，営業部長の確認の上，対象取引先に発送する。なお，「残高確認回答書」（以下「回答書」という）の返送先は経理部とする。また，帳簿残高と異なる残高とする必要がある場合は，営業部長は書面（任意様式）で理由を記して経理部長に申請し，事前承認を得る。

3．経理部は，回答書の返送を受けた場合は，返送された事実を記録し，その内容につき点検する。また，依頼書と回答書の残高に差異がある場合，以下を行う。

（1）経理部は，営業部に回答書の写しと「確認回答額差異報告書」（以下「差異報告書」という）を送付する。

（2）営業部は，直ちにその差異につき調査し，先方問合せ等により原因を究明すると共に，相手先との間で責任の所在を明確にする。

　　　当社に責があると判断した場合，遅滞なく経理部長に報告し，指示を受ける。

　　　相手先に責がある場合，相手方に連絡し，直ちに修正を行うよう依頼する。

（3）営業部は上記結果を差異報告書に記載し，経理部に提出する。

4．経理部は，取引先から返信がなく回収できなかった債権及び除外申請により確認状の発送先から除外した債権については，「代替的手続」（売上計上エビデンスの精査，入金されているかのチェック等）を実施する。

5．経理部長は，前各項完了後，社長に確認結果を報告する。

以上

Appendix 「細則」「通達」「マニュアル」等　255

6　滞留債務管理要領

　滞留債務は請求される見込みがない場合は収益計上されますが，収益認識の
タイミングについて定めておかないと，計上時期について恣意性が高まるとと
もに統一的な処理が継続適用されないため，ルールを定める必要があります。

滞留債務管理要領

1．目的

　この要領は，滞留債務管理に関する事項を定めたものである。

2．定義

　（1）滞留債務とは，発生日から2年以上経過した債務をいう。

　（2）発生日とは，以下の日を指す。

　　① 請求書や契約により支払期日が明確に定められている場合は当該日

　　② 支払条件が設定されており，その支払条件が満たされた日

　　③ 過入金に起因する債務については入金日

　　④ 相手方の請求漏れに起因する債務については当社の債務計上日

　　⑤ 書面による残高確認により取引先と債務額を確認している場合は，当該確認日
　　　と支払期日のどちらか遅い日

　　⑥ 残高確認の結果，取引先と債務額の認識に差異がある場合は，最終の交信
　　　（メール・電話等）の日

　　⑦ 残高確認の結果，取引先による債権の認識がない場合は①～④の日

3．滞留債務の取扱い

　経理課長は経理部長に対し毎月前条の滞留債務の状況を滞留理由とあわせて報告し，
その取り崩しについて検討しなければならない。

　滞留債務は原則として雑収入を相手勘定として取り崩すものとする。ただし，合理的
な理由がある場合はその取り崩しを留保することができる（請求があるかもしれないと
いう理由だけでは合理的な理由にはあたらない）。

以　上

---

7 実地棚卸実施要領

　第5章「棚卸資産管理」でも取り上げられている実地棚卸の実施要領は非常に重要な要領です。

　経理規程ハンドブックなどの一部専門書では取り上げられているものの要点のみを紹介したものであり，実際に実務で使用するには具体性に欠けているため，そのままでは使用できません。本書では実務でそのまま使用できるレベルまでに要約をとどめた実施要領を紹介します。

　実地棚卸実施要領は各社の特徴が出やすいルールですが，本書は私が見てきた会社において共通しているエッセンスで作成しているので，これに各社の棚卸資産管理の特徴を踏まえて肉付けするだけで実地棚卸に必要な最低限のルールを網羅できます。

棚卸資産実地棚卸　実施要領

1．目的
　経営管理，資産保全及び税務会計に資することを目的とし，会社が保有する棚卸資産の実在性，網羅性，評価の妥当性を確かめるために，年1回2月末を基準日として実地棚卸を実施する。

2．責任部署
　実地棚卸は在庫を管理している営業部が実施責任を持つ。財務経理部は営業部が実施する実地棚卸の一元管理や結果集計のコントロールを行う責任を持つ。各対象拠点に実施責任者と管理責任者を1名ずつ置き協力して実施する。

3．棚卸の手順
　（1）事前準備
　　①見取図
　　　　在庫配置場所ごとの地図に棚番等（アドレス）を記載する（財務経理部から入手した在庫台帳を基に営業部が作成）。
　　②タイムスケジュール表
　　　　当日のスケジュールを事前に連絡する。
　　③担当者分担表
　　　　実施責任者，管理責任者，棚札管理者，実施チーム（2人1組），棚卸立会

（たちあい）者，システム更新者など当日の分担を定めた表を配布する。
④当日の生産・入出庫停止予定等決定（カットオフ）

　　カウント漏れや重複を避けるため，原則として実地棚卸実施時は入出庫等を停止する。当日の入出庫等を完全には停止できない場合，「当日入荷商品」及び「当日出荷予定商品」の保管場所等を定めておき，実地棚卸の対象から除外する。
⑤全社への通知

　　当日のスケジュール・場所等を通知するとともに，営業部担当者向けの「実地棚卸運用マニュアル」（棚札/棚卸リストの記載方法，棚札の貼付・回収方法，ハンディターミナル使用方法，二人一組によるブラインドカウント方法，預け品・預かり品・不良品等の処理）を事前配布する。
⑥棚札・棚札配布回収管理表（コントロールシート）のブランク

　　棚札配布回収管理表（コントロールシート）により棚札の配布枚数を担当者ごとに管理し，棚札の紛失・カウント漏れ・重複を防ぐ。棚札には事前に管理No.を記載しておく。
⑦在庫台帳（含む積送品）・付箋の準備

　　タグ（棚札）方式によらずリスト（在庫台帳）方式による場合は，帳簿上の数量が記載されていないリストを使用する。リスト方式によるカウントが終了したことを明示するために貼付する付箋を用意する。
⑧棚卸除外品シール

　　棚卸対象外となる資産（仕掛品，預かり品，簿外品等）が分かるよう事前に棚卸除外品シールを貼付する。
⑨外部預け品の保管証明書（預かり証）

　　外部預け品については，当日確認できるように事前に預かり証を入手する。
⑩整理整頓

　　当日カウントしやすいように，同一品種・同一品名のものは，できる限り同一場所にまとめておく。商品の品名，価格等を記載した紙を商品に添付しておく。不良品，不動品等は正常品と区分し，整理しておく。
⑪文具等の準備

　　用箋挟（クリップボード），電卓，ペン，大きめの付箋，カラーの荷造ヒモの準備

（2）棚卸の実施
①担当者の点呼
②現場準備

　　管理ブース設置，分担確認など
③緊急入出庫申請有無の確認

原則として受け付けない。やむを得ず緊急入出庫分を加減算する場合には，申請書と入出荷伝票等を必ず照合する。

④棚卸開始宣言

⑤棚札・在庫台帳（含む積送品），用箋挟・電卓・ペン・付箋等の配布など
・棚札・在庫台帳を各在庫場所の実施チームに割り当てる。
・担当者への割当番号をコントロールシートに記録する。
・必要な文具を配布する。

⑥実施チーム
・区域ごとに２名一組（計数者，記録者）とする。
・棚から降ろした箱等の中身について一つずつ取り出し，計数者が商品名・品番等と数量を読み上げ，記録者が商品名や数量等を棚卸票に記入。
・原則として「一番上の段から左から右，２段目の左から右，３段目……」といったように一定のルールに従って計数する。
・計数が終わるごとに棚札を貼付する（リスト方式の場合は付箋）。
・書き損じの棚卸票は，破り捨てずに×を付して回収する。
・実地棚卸対象が広範囲の場合，重複・漏れを避けるため計数が完了した区画は荷造りヒモで囲う。
・なお，機械式倉庫の管理精度は高いため，機械式倉庫内リストのサンプルチェックにより全体の計数に代えるものとする。

⑦立合担当者（財務経理部，内部監査部ないし監査法人）
・棚卸実施場所を偏りないよう巡回し，実施状況を検査，指導する。
・棚札の貼付漏れがないかを確認する。
・立会者の照合は「台帳上の商品からサンプルし現物をチェック」（実在性のチェック），「現物をサンプルし台帳をチェック」（網羅性のチェック）を双方向で行う。
・台帳はロケーションごとに出力できるようにし，かつ営業担当者ないし倉庫担当者が保管場所・台帳の内容を把握し立会者のチェックを補助する。

⑧棚札の回収
・全体の計数が終了したことをレイアウト図で確認し，棚札を順次回収する。
・回収終了後，配付枚数と使用，未使用，書き損じの枚数を照合し，紛失がないかを確認する。
・管理責任者が棚札の内容をチェックし，不備がある場合は現地を確認する。
・訂正のある場合は，管理責任者が内容を確認し訂正印を押印する。

⑨商品受払台帳への記載・差異分析
・棚卸調整表を作成し，実施棚卸数と帳簿残高とに差異がある場合には，もう一度現品と帳簿を調査し原因を追究する。

> ・過不足の理由が不明の場合は，管理責任者の承認を得て過不足数を商品受払台帳に記載し，実際数量に一致させる。
> ・品目コード別差異，アイテム数差異，数量差異，金額差異，棚卸差異率による分析を実施する。
> ⑩反省会・報告
> 　実施責任者，管理責任者及び立会人等がそれぞれ反省・講評を実施する。
> ・差異の要因分析（差異の多いエリア・商品・担当者，過去との比較含む）
> ・棚卸スケジュールと実作業のギャップ分析（割当て不適切による遅れ等）
> ・立会人から講評（実棚ルール守られていない，整理整頓できていない等）
> 　実地棚卸の結果について実地棚卸報告書を作成し，財務経理部長に提出する。
>
> 　　　　　　　　　　　　　　　　　　　　　　　　　　　　　　以　上

8　滞留商品管理要領

　滞留商品管理は，漫然と「滞留＝悪」ではなく，なぜ滞留を回避しなければならないのかを理解して，滞留管理を行う必要があります。

　単純に長期保有が発生しているという「事実」を責めても，すでに起きてしまっている以上なにも解決しません。それよりも今後どのように対応するかを十分に検討できていないことに問題があるので，将来に向けた議論を行いましょう。たとえば，単純に長期保有の「事実」を叱責するような文化がある会社では，担当者による循環取引や取引先への押し込み等の動機とリスクが高まります。

　もし，担当者が滞留を回避するためにそのような不正を行った場合は評価している側にも責任の一端があると認識し，今後の対処方針に重きを置いて建設的な議論を心がけましょう。

　なお，以下の要領では保有期間4カ月超を滞留としていますが，適切な期間であるかは商材ごとに検討すべきです。また，以下では通常1年以上保有することは想定していないと考え，取得後1年で簿価を0まで機械的に評価減するルールとしていますが，1年にこだわる必要はなく，各商材に応じて合理的な期間を設定する必要があります。

　機械的に評価損を計上するルールにすれば，滞留期間が長くなるほど簿価が

小さくなり販売する際に損が出にくくなって，結果として在庫の処分が促進され，在庫が圧縮されることになりますが，実態に即しているか監査法人とも認識合わせをする必要があることにも留意が必要です。

滞留商品管理要領

1．目的
この要領は，滞留商品管理の趣旨・運用に関する事項を定めたものである。

2．滞留管理の必要性
滞留により商品保有期間が長期化することは，以下のことを意味する。

（1）無駄な経費が業績を圧迫

在庫を保有するだけでも，倉庫費用・在庫管理の人件費がかかるが，会社に利益をもたらすことは一切ない。在庫は置いておくだけで，倉庫費用がかかっており，加えて，棚卸などの管理人件費もかかっていると改めて認識することが重要である。

（2）キャッシュ・フローの悪化

在庫にかかった商品や原材料，経費は支払った分既に発生しており，在庫金額と同額の資金（キャッシュ）も流出している。仮に業績が好調なように見えても，在庫量が増加しキャッシュが減少している傾向がある場合，資金ショート＝倒産リスクがある。

（3）商品の劣化や陳腐化が発生

食品には必ず使用期限があり，これを過ぎると販売できず，在庫金額＝損失となる。
また，使用期限を超過した商品の販売はクレームにつながる。

（4）余分に税金がかかる

販売が困難な在庫でも，在庫として持っている限り貸借対照表の資産として計上され費用（損金）とならない。意味するところは，通常販売が困難と判断した段階で当該在庫を処分して損金扱いしていれば支払わずに済んだ分の税金を余計に支払ったことになる。

なお，上記のとおりではあるものの，長期保有在庫自体が問題ではなく，単に保有期間だけを評価することは厳に慎むべきであり，長期保有在庫について合理的な理由や解

Appendix 「細則」「通達」「マニュアル」等　261

消策が提示されているかどうかを評価する必要があることに留意する。

3．滞留商品の定義

滞留商品とは，原則として，保有期間が4カ月超の在庫をいう。

仕入当初より計画的に長期に保有する場合，営業本部長及び管理本部長の承認を得て4カ月超であっても滞留商品としない在庫（計画在庫）を指定することができる。ただし，この場合には保有期間が12カ月を超えない範囲で指定しなければならない。

当初取得時は通常在庫であっても，市況や得意先の要望の変化等に伴い，長期に保有することが営業上で合理的と判断される場合には，営業本部長及び管理本部長の承認を得て計画在庫とすることができるものとする。

なお，長期計画在庫と認定する際には，過去の実績を加味した販売予測に基づき適切な在庫量であることを十分に検討し，欠品を恐れた過度な在庫とならないよう留意する。

4．評価減

営業部長は毎月本部長及び社長に対し前条の滞留在庫の状況を滞留理由とあわせて報告し，その評価減について検討しなければならない。

また，営業部長は前項の報告に併せて，滞留在庫の売却見込み価格・時期等を検討しなければならない。

取得後6カ月を経過してなお，滞留在庫に該当する商品については，第1項の検討にかかわらず，毎月，当初取得価額の6分の1ずつ評価減を行うものとする。

管理本部長は必要に応じて滞留理由等について具体的内容を営業部から聴取し，会計の観点から検討するとともに，正味実現可能価額を下回る在庫について評価損を計上しなければならない。

5．廃棄

営業部長は毎月本部長及び社長に対し前条により評価減を行った滞留在庫の以後の状況を報告し，その廃棄について検討しなければならない。

6．滞留報告形式・提出ルート

滞留報告は別添の報告フォームにより行い，社長報告の○日前までに管理本部に提出しなければならない。

以　上

9 固定資産実査実施要領

　第6章「固定資産管理」でも取り上げられている固定資産の実査は金額的に重要な固定資産を保有している場合は重要な要領です。

　実務でそのまま使えるような固定資産実査実施要領を紹介している書籍やインターネットサイトは少ないため，本書にて紹介します。

　なお，本書では無形固定資産の期末残高に対する手続は紹介していませんが，金額的に重要な無形固定資産を保有している場合には，無形固定資産の実査等の手続も必要となります。

固定資産実査実施要領

1．目的
　経理規程第○条第○項（責任者及び責任者が指定した者は，少なくとも年に1回は，責任者が指定した日付に，実際の物件を物理的に検査し，その結果を帳簿と照合しなければならない。）に従って，以下の目的に資するため固定資産実査を実施する。

（1）保有する固定資産の正確な把握
　　自社が保有している資産の状況を正確に把握して財務諸表や管理資料に適切に反映し，将来計画の基礎とする。
（2）節税・経費削減
　　費用にできる不要で除却すべき資産や既に存在しない資産を会計上で計上し続けると，本来は払う必要がない税金を納めることになる。また，正確に資産を把握することで重複して資産を購入することを防止したり，遊休資産を有効活用して経費削減につなげる。
（3）セキュリティ強化
　　盗難や破損といった事件・事故を防ぐ効果があり，また生じた場合でも原因究明がしやすくなる。

2．適用範囲
　当要領の管理対象となる有形固定資産とは，耐用年数が1年以上かつ金額が20万円以上のものをいう。
　ただし，PC，スマートフォン，タブレットなどの情報機器については，金額の多寡

Appendix 「細則」「通達」「マニュアル」等　263

にかかわらず管理対象資産とする。

3．日常管理

　管理対象資産を保有する部署の担当者は，現物の所在及び現況を常に把握しなければならない。

　同部署の上長（以下，課長）は，必要に応じて担当者に対し，その所有物件の出納，保管および使用状況の調査，事故防止および不要物件の処理等について指示するとともに随時保管および使用状況を調査する。

4．固定資産管理番号の貼付

（1）総務部は資産購入部署の申請に基づき，「固定資産」「管理対象資産」に該当するかを判断し，該当する場合は固定資産台帳に登録する。

（2）総務部は固定資産台帳記載の管理番号を付した固定資産管理ステッカーを出力し，資産購入部署に配布する。

（3）資産購入部署は，ステッカーを「固定資産」「管理対象資産」の視認しやすい場所に貼り付ける。

　なお，該当する固定資産が建物等に固定されるなど容易に移動できないことが明らかな場合は，所在場所を確認できる地図等に管理番号を記載することにより管理番号の貼付に代えることができる。

5．固定資産実査の作業手順

（1）固定資産管理ステッカーが網羅的に貼付されていない場合は，総務部に申請しステッカーの発行を受けたうえで，すべての固定資産にステッカーを貼る。

（2）総務部は固定資産台帳を出力し，固定資産を保有するすべての部署に事前に配布する。

（3）固定資産を数える担当者は，実際に固定資産の現物が置かれている現場にて，状態や保管場所を1つずつ確認して，台帳の記載と照合し，チェックマークを記入する。

　なお，照合済みの資産には付箋を付して確認済みであることが一目でわかるようにしておき，見つからない資産があったとしてもまずは台帳に「不明品」としたうえで全ての台帳上の資産の作業を終えてから，不明品の調査を行う。

（4）台帳に記載があるのに現物がない固定資産があった場合，その理由を調査し，「紛失」「破棄」などの状況を具体的に記入する。

（5）使用見込みのない資産や破損している資産があった場合，その旨を台帳に記入し，総務部と評価減や除却の必要性を検討する。

6．その他
（1）固定資産のうち，複数の部品等が複雑に組み合わされ一体として機能する設備等であり，その部品等の一つでも欠けると機能せずすぐに判明する，ないしその部品等単独では換金性が低い場合は，ステッカーの貼付を省略し，設備等を一体として管理し数える単位とすることができる。
（2）現物との照合結果については，担当者が配布された固定資産台帳に記載し，課長へ報告する。課長の承認を受けた台帳は，指定された期日までに総務部に提出する。
　　※総務部への提出方法は紙・PDFデータのメール添付のどちらでもよい。サインによる承認証跡が残せない場合は，総務部へのメール提出時に課長から提出するか，CCに課長を入れることで承認証跡に代えることができるものとする。
（3）固定資産管理ステッカーが見当たらない，印字がかすれている等の場合，台帳に「ステッカー不明瞭」の旨を記載し，総務部から再発行のうえで，再貼付する。

以　上

[10]　署名・印章等管理規程

　単純な「印鑑」だけや「印鑑＋手書き署名」までの規程はよくありますが，電子署名までを1つの規程としてカバーしているひな形はあまり書籍やインターネットサイトでは紹介されていないので，「細則」，「通達」，「マニュアル」ではないですが紹介します。

　印鑑，署名および電子署名はいずれも対外的に会社が契約の当事者として締結の意思を表明したことを示す法的効力を持つ意味では同じものです。すでに電子署名を含まない署名・印章等管理規程が整備されているのであれば，これはそのままとして電子署名規程を別途整備する方法でもよいと思います。

<u>署名・印章等管理規程</u>

（目　的）
第1条　この規程は，印章の制定，改廃，登録，交付，保管，使用および文書に署名する場合の署名資格者ならびに電子文書に対する電子署名に関する事項を定めることにより，これらの事務が円滑に行われることを目的とする。

Appendix 「細則」「通達」「マニュアル」等　　265

（定　義）
第2条　印章とは，当社が発行または受理する文書，証憑等に押捺することにより，当社に対し直接または間接に権利義務を生じさせる証とするものをいう。

2　署名とは，当社が発行または受理する文書，証憑等に自署することにより，当社に対し直接または間接に権利義務を生じさせる証とするものをいう。

3　電子署名とは，会社が対外的に発行する電子情報が，当社に対し直接または間接に権利義務を生じさせる証とするために行う電磁的措置であって，法務部長が定める申請手続に基づき，個別に使用を許可したシステム（以下，許可済電子署名システムという）を用いて行われるものをいう。

（印章の種類）
第3条　当社において使用する印章は，次の各号に掲げるものをいう。
　（1）代表取締役印で法務局に印影を届け出たもの
　（2）社印（角印）
　（3）部長印
　（4）銀行取引印
　（5）その他第6条の登録を経た印章

（印章の交付）
第4条　印章の調製，登録にあたっては，次の各号に掲げる事項を記載した申請書を法務部長に提出しなければならない。
　（1）印章名
　（2）使用部店
　（3）申請理由
　（4）使用文書
　（5）保管責任者
　（6）保管代行者
　（7）使用開始日

2　前項の申請書について法務部長が承認した場合，当該印章を調製し，第6条の登録を経て申請部店長に交付する。

（印章の廃棄）
第5条　保管，使用している印章が不要となった部店長は，遅滞なく次の各号に掲げる事項を記載した申請書に廃棄すべき印章を添付して法務部長に提出しなければならない。
　（1）印章名
　（2）廃棄すべき理由

2　前項の申請書について法務部長が承認した場合，法務部にて1年間保管後に当該印章を廃棄するものとする。

（印章の登録）
第6条　法務部長は，第4条の規定により印章を調整した場合においては，速やかに当該印章について，第4条各号の事項に加え，次の各号に掲げる事項を印章管理台帳（以下「台帳」という。）に登録し，当該台帳を法務部に備置するとともに，その写を保管責任者に交付するものとする。
（1）登録番号
（2）登録日
2　法務部長は，第5条の規定により印章を廃棄した場合，または第12条第1項の印章の紛失もしくは盗難の報告があった場合においては，速やかに当該印章の登録を抹消するものとする。

（印章の保管責任者）
第7条　印章の保管責任者は，第3条（1）については法務部長とし，（3）については各部長，（2）および（4）については財務経理部長，（5）については使用部店の長とする。印章は使用しない時は施錠できる場所に格納し厳格に管理しなければならない。
2　人事異動，組織改革その他の事由により，保管責任者に変更があった場合においては，変更前および変更後の保管責任者は，速やかに両者連名でその旨を法務部長に届け出なければならない。
3　保管責任者は，印章の保管を代行させるため，事前に法務部長に届け出たうえで自己の責任において保管代行者を選任することができる。

（捺印者）
第8条　印章の押捺は，保管責任者が行う。
2　保管責任者は，自己の責任において保管代行者に捺印を代行させることができる。

（署名資格者）
第9条　署名資格者は代表取締役とする。
2　署名資格者は，業務分担，署名すべき文書の内容等を勘案のうえ，下位の役職者に署名を行わせることができる。

（捺印・署名の申請）
第10条　文書に捺印・署名を受けようとする者（以下「捺印等申請者」という。）は，次の各号に掲げる事項を記載し，捺印等請求票および捺印等を受けようとする文書（以

下「捺印文書」という。）を捺印者ないし署名資格者に提出しなければならない。

（1）申請日

（2）捺印・署名文書の題名または捺印文書を特定するための件名等

（3）申請理由

（4）印章の種類

（5）捺印・署名部数

（6）捺印・署名文書を保有する者または提出先

2　捺印等申請は，原則として部店の長が行うものとする。ただし，同一部店内で捺印申請および捺印が行われる場合においてはこの限りでない。

3　第1項の捺印等請求票の様式は，法務部長が別に定めるところによるものとする。ただし，捺印文書が日常頻繁に発行する必要のある請求書，領収書等であるときは，捺印等申請者は，捺印者の検印欄を設けた当該請求書，領収書等の写しをもって捺印等請求票に代えることができる。

4　必要に応じて，別途定める「職務権限規程」に定める決裁権者の承認を得た証憑・証跡を捺印等請求票に添付する。

（捺印・署名）

第11条　捺印者は，捺印済の文書および当該捺印申請に関する受理印を押捺した捺印等請求票を捺印等申請者に交付する。ただし，捺印文書が日常頻繁に発行する必要のある請求書，領収書等であるときは，捺印済の当該請求書，領収書等，および当該捺印申請に関する検印を押捺した当該請求書，領収書等の写を捺印等申請者に交付する。

2　署名者は，署名済の文書および当該署名申請に関する受理印を押捺した捺印等請求票を捺印等申請者に交付する。

（印章の紛失，盗難の場合の措置）

第12条　保管責任者は，印章を紛失し，または盗難にあった場合，直ちにその経緯を法務部長に報告するとともに，法務部長の指示を受けて，警察への盗難届出および関係先への連絡等，その他所要の措置を講じなければならない。

2　前項の保管責任者は，所要の措置を講じた後，速やかに紛失または盗難の経緯および講じた措置等について，社長に報告しなければならない。

（電子署名の署名資格者）

第13条　会社が対外的に発行する電子情報には，印章の押捺に代えて，電子署名を使用することができる。

2　電子署名で署名する電子署名権限者は代表取締役とする。ただし，電子署名権限者の代わりに署名を行う権限の承認を受けた者は，代理権限者として電子署名権限者

の代理で署名することができる。

（使用が認められる電子署名システム）
第14条　電子情報に電子署名を使用する場合は，この規程を遵守のうえ，次項の許可を取得したうえで許可された電子署名システムを使用しなければならない。
　　②電子署名システムを使用する必要がある場合は，法務部長の定める手続に従い，当該電子署名システムにつき法務部長の許可を取得した場合に限り，これを使用することができる。

（電子署名システムの使用資格者）
第15条　標準電子署名システムおよび許可済電子署名システムの使用開始にあたっては，法務部長の定める方法で所定の書式にて申請することにより，IDの発行を受けるものとし，発行を受けたID以外を用いてはならないものとする。当該システムのIDとパスワードは厳重に管理し，自己以外の者に使用させてはならないものとする。

（電子署名前の遵守事項）
第16条　電子署名により契約締結等を行う相手方との間で，事前に次の各号に定める事項を文書または電子情報により合意し，その記録を残すものとする。
　（1）　その契約を電子署名システム上で電子署名が付された電子文書にて作成し相互に送信すること。
　（2）　当社および相手方それぞれの電子署名システム上の申請者・承認者・回覧者・署名資格者および申請・承認・回覧・署名のルートに合致しない相手方からの署名要求には応じないこと。
2　署名申請者は前項に定める合意及び権限確認を行ったことを示す文書（電子文書を含む）を電子署名が付された文書と関連付けて法務部に提出しなければならない。

（電子文書の保管）
第17条　電子署名を施した電子文書の保管及び管理は，法務部が行う。

以　　上

Appendix 「細則」「通達」「マニュアル」等　269

11　見積項目計上要領

　引当金などの見積項目の計上方法は，ある程度は会計基準等で定められていますので，別途ルールを定めなくても運用上は対応可能なケースもあります。しかし，会計上の見積りは判断を伴う部分が他の会計処理と比べて多いため，その方法や基礎データの継続適用の観点から会社の方針を定めることが大切です。

　本節では基本的な見積項目について最低限の内容を定めた要領のひな形を紹介しますが，会社の考え方に応じてより詳細なルールを定めたり，見積項目ごとに詳細な要領を作成することもあります。

見積項目計上要領

　引当金その他見積項目の会計処理は以下の通りとする。

１．貸倒引当金

（１）金銭債権について，取り立て不能の可能性がある場合には，その取り立て不能見込額を貸倒引当金として計上する。取り立て不能見込額は，債務者の財政状態及び経営成績に応じて，以下のように算定する。

①一般債権

　一般債権（経営状態に重大な問題が生じていない債務者に対する債権）に係る貸倒引当金は，事業年度末における一般債権金額にその事業年度も含めた過去３年間の貸倒実績率を乗じて算定する。一般債権には，貸倒懸念債権及び破産更正債権を含まない。

> ※あるいは「一般債権に係る貸倒引当金は，事業年度末における与信先の信用度ランクと与信期間別に貸倒実績率を算定し，ランク分けされた債権ごとに貸倒実績率を乗じて算定する。」
> 　一般債権全体に対して貸倒実績率を乗じて一般債権の貸倒引当金を計上している会社が多いですが，「金融商品に関する会計基準　第92項」によると，「債権全体又は同種・同類の債権ごとに，債権の状況に応じて求めた過去の貸倒実績率等合理的な基準により貸倒見積高を算定することができる。」としており，このように，一般債権の信用度に応じた引当率を採用する旨を規定することなども考えられます（予想損失アプローチ）。

②貸倒懸念債権

　貸倒懸念債権（経営破綻の状態には至っていないが，債務の弁済に重大な問題が生じているか又は生じる可能性の高い債務者に対する債権）に係る貸倒引当金は，原則とし

て，債権金額から担保の処分見込額及び保証による回収見込額を減額し，特段の事情の
ない限り，その残額に50％を乗じた金額により算定する。

　ただし，債権の元本の回収及び利息の受け取りに係るキャッシュ・フローを合理的に
見積ることができる債権については，キャッシュ・フロー見積法により算定する。また，
債権の内容が特殊なものである場合（劣後債券や劣後受益権等）には，当該債権の内容
に応じて個別に貸倒引当金額の算定方法を検討するものとする。

③破産更生債権等

　破産更生債権等（経営破綻又は実質的に経営破綻に陥っている債務者に対する債権）
に係る貸倒引当金は，原則として，債権金額から担保の処分見込額及び保証による回収
見込額を減額した残額により算定する。

※なお，上記は金融商品に関する各会計基準が例示している貸倒引当金の算定方法に基づい
て記載していますが，事業の性質等に応じて各社で合理的と考えられる処理を採用すること
も可能と解釈されています。

（2）債権が，一般債権，貸倒懸念債権及び破産更生債権等のいずれに該当するかは，
　　　金融商品に関する会計基準等に基づき，経理担当者が債権ごとに検討し，経理部長
　　　が承認することにより個別に決定する。

（3）（2）の検討において，債権の回収可能性がほとんどないと判断された場合には，
　　　貸倒損失額を債権から直接減額する。この際，当該貸倒損失額と当該債権に係る前
　　　期貸倒引当金残高のいずれか少ない金額まで貸倒引当金を取り崩し，当期貸倒損失
　　　額と相殺する。

（4）経理担当者は，貸倒引当金の算定結果を経理部長に報告し，承認を得る。

2．賞与引当金

（1）従業員への賞与支給に備えるため，当期に負担すべき賞与の額について賞与引当
　　　金を計上する。賞与を支給した場合に生じる社会保険料等については賞与引当金に
　　　含めず法定福利費の未払費用として計上する。賞与引当金計上額の詳細な算定方法
　　　は，別途経理部長が定める。

（2）賞与支給金額の確定後，賞与引当金計上額と賞与支給金額を比較・検討し，誤差
　　　の金額に応じて（1）に定める賞与引当金算定方法を見直す必要がないか検討する。
　　　また，賞与制度に変更があった場合，遅滞なく賞与引当金算定方法の見直しを検討
　　　する。

（3）経理担当者は，賞与引当金の算定結果を経理部長に報告し，承認を得る。

3．退職給付引当金
（1）従業員への退職給付に備えるため，負担すべき退職給付の額について退職給付引当金を計上する。

（2）退職給付引当金は，貸借対照表日における退職給付債務及び年金資産の見込額に基づき，その貸借対照表日において発生していると認められる金額を計上する。詳細な算定方法については，別途経理部長が定める。

（3）経理担当者は，退職給付引当金の算定結果を経理部長に報告し，承認を得る。

4．その他の引当金
（1）上記の他，当期またはそれ以前の期で負担すべきものと認められる費用で合理的に見積額の算定が可能な場合，必要に応じて引当金を計上する。

（2）経理担当者は，算定結果を経理部長に報告し，承認を得る。

5．固定資産の減損処理
（1）固定資産について予測することができない物理的・機能的減損が生じたときは，相当の減額をしなければならない。

（2）固定資産に物理的・機能的減損が生じていなくても使用状況と時価により減損処理を行うことがある。

　固定資産としての機能を有していても将来使用の見込みが客観的にないこと又は固定資産の用途を転用したが採算が見込めないことのいずれかに該当し，かつ，時価が著しく下落している場合には減損損失を認識するものとする。なお，資産が相当期間遊休状態にあれば，通常，将来使用の見込みがないことと判断される。
　減損処理は次の手順によって行う。
①　資産又は資産グループに減損が生じている可能性を示す事象（減損の兆候）がある場合には，当該資産又は資産グループについて，減損損失を認識するかどうかの判定を行う。減損損失を認識するかの判定は，資産又は資産グループから得られる割引前将来CFの総額と帳簿価額を比較することによって行い，割引前将来CFの総額が帳簿価額を下回る場合には，減損損失を認識する。

272

---

② 減損損失を認識すべきであると判定された資産又は資産グループについては，帳簿価額を回収可能価額まで減額し，当該減少額を減損損失として当期の損失とする。

（3）経理担当者は，減損判定及び算定結果を経理部長に報告し，承認を得る。

（4）参考資料
　固定資産の減損に係る会計基準

以　上

---

12 ITセキュリティ従業員向けルール

　情報セキュリティ確保はJSOXでも非常に重視されており，財務経理担当者も意識する必要があります。

　情報セキュリティに関する事故（情報漏洩やウイルス感染など）が起きた多くの会社では，規程等には従業員が守るべきルールがたくさん書かれているのに従業員によって守られず，セキュリティインシデントが起こってしまっています。

　なぜルールがあるのに事故が起こるのか，この答えはいたって簡単で，

　　①情報資産管理規程・情報セキュリティ管理規程なんて読んだことがない，もしくは存在すら知らない

　　②読んだことはあるがどの条項が自分に関係するのかわからない

　　③どの条項が自分に関係するかまではわかるが，なぜそれを守らなければならないか理解できない

の3つの壁を乗り越えられる従業員は（IT部門を除き）ほとんどいないからです。

　このうち②③については全従業員が共通して知るべきルールだけを抜き出した通達・細則を作り，その中で「なぜ」そのルールが必要なのかを説明する必要があります。この視点の通達/細則のひな形を記載した書籍を私は今までに見たことがないので本書で紹介します。

ITセキュリティに関する10カ条

1．目的
　従業員が遵守すべきITセキュリティに関するルールをまとめるとともに，ルールを守らなかったことにより生じるリスク及び会社に与える損害について周知することを目的とします。

2．定義
（1）「IT機器」とは，会社の業務上の情報が記録されているすべての機器のことを指します。たとえば，パソコン，タブレット，スマートフォン，外部記憶装置（USBメモリ，外付ハードディスク，SDカード等），サーバーなどが該当します。

（2）「ソフトウェア」とは，会社の「IT機器」にインストールされるすべてのプログラムを指します。たとえば，Acrobat ReaderやMicrosoft Officeなどがこれにあたります。

（3）「ITシステム」とは，「ソフトウェア」と「IT機器」を組み合わせて機能する仕組みを言います。たとえば販売管理システムや会計システムがこれにあたります。これにはクラウド上で機能するソフトウェアも含みます。

3．10カ条
　当社の従業員は以下のルールを遵守しなければなりません。

（1）IT機器・ソフトウェア・ITシステムのIT部による承認・管理
　　ⅰ．業務で使用するIT機器，ソフトウェアおよびITシステム（以下，IT機器等）は，各部の予算で購入する場合であっても事前にIT部から承認を得る必要があります。IT部は申請された内容を確認しITセキュリティの観点から問題ないと判断する場合は速やかに承認します。
　　ⅱ．IT部はIT機器等についてリストを作成し，年に1回以上，その実在性の確認のために棚卸を行います。IT機器等を使用する各部はこれに協力しなければなりません。
　　ⅲ．IT部によって管理されていないIT機器等が発見された場合，直ちに業務での使用を中止し，情報流出防止措置を行ったうえで廃棄するか，セキュリティ対策を講じなければなりません。各部はIT部によって管理されていないIT機器等を発見した場合，資産管理規程に従って速やかにIT部に申請しなければなりません。

（2）未承認の外部記憶装置の当社IT機器への接続の禁止
　　IT部が承認していない外部記憶装置を当社IT機器に接続してはいけません。

（3）IT機器の廃棄

　IT機器を廃棄するにあたっては，情報流出防止措置を漏れなく実施するために，資産管理規程に従ってIT部に申請しなければなりません。

（4）退社時のパソコンのケーブルロックないしキャビネット保管

　業務を終了し帰宅する際には，パソコンをケーブルでデスク等に固定するか，カギのかかるキャビネット内に施錠保管しなければなりません。

（5）IT部が認定していないソフトウェアのインストールの禁止

　IT部が使用を許可しているソフトウェア以外のインストールは禁止です。業務上使用する必要がある場合には，IT部が当該ソフトウェアの安全性を確認し承認した場合に限り，インストール可能とします。

（6）提供元の不確かなWi-Fiの使用禁止

　提供元が不確かなWi-Fiは使用を禁止します。

（7）IT機器の不審な挙動の早期連絡（セキュリティインシデント）

　IT機器の使用時に少しでも不審な点を感じた場合は，速やかにIT部に連絡し，IT部の指示に従って対応しなければなりません。

（8）パソコンのオフィス外への持ち出し承認

　ハードディスクが暗号化されていないパソコンをオフィスの外に持ち出すときは事前に情報管理責任者の承認が必要です。

（9）システムのID申請と棚卸（別表2参照）

　　ⅰ．システムのIDを追加，変更，削除するときには，事前にIT部に申請書を提出し承認をもらわなければなりません。

　　ⅱ．システムを利用する各部はIDについてリストを作成し，年に1回以上，その妥当性の確認のために棚卸を行わなければなりません。IT部は各部の実施状況を確認します。

（10）ITセキュリティ研修の受講

　従業員は毎年1回開催されるIT部が主催するITセキュリティ研修を必ず受講しなければなりません。

以　上

Appendix 「細則」「通達」「マニュアル」等　275

＜別表１＞第３条に記載のルールを守らないことにより生じるリスク

（1）IT機器・ソフトウェア・ITシステムのIT部による承認・管理
　IT部の管理下にないIT機器等はITセキュリティの対策が施されていないため，コンピューターウイルス/ランサムウェアへの感染，情報の窃取・盗聴・破壊，フィッシング詐欺などのリスクが非常に高くなります。

（2）IT部が承認していない外部記憶装置の当社IT機器への接続の禁止
　外部記憶装置がすでにウイルス/ランサムウェアに感染している場合，USBポートに接続することで接続先のパソコンやサーバーが感染します。

（3）IT機器の廃棄
　適切な情報流出防止措置を行わずにIT機器を廃棄すると，当該IT機器が保持していた情報が社外に流出するリスクがあります。

（4）退社時のパソコンのケーブルロックないしキャビネット保管
　パソコンは換金性が高く盗難されやすいため，ロック等をしないと盗難されるリスクが高まります。パソコンには当社の重要な情報が含まれていますので，機器としてのパソコンの金額だけでなく情報漏洩による損失のリスクがあります。

（5）IT部が認定していないソフトウェアのインストールの禁止
　安全性が確認されていないソフトウェアをインストールすると，不正アクセス，情報漏洩およびウイルス感染のリスクが高まります。

（6）提供元の不確かなWi-Fiの使用禁止
　特にフリーWi-Fiスポットには暗号化されておらず送受信情報が読み取られてしまうものがあります。送受信情報に機密情報があれば盗まれてしまうのはもちろん，パスワード情報が盗まれて，不正アクセスされるリスクもあります。

（7）パソコンの不審な挙動の早期連絡（セキュリティインシデント）
　パソコンがウイルス等に感染した場合は早期の対策が重要です。IT部へ適時に連絡せずウイルス対策が遅れた場合は，社内外のネットワーク上でつながった他のパソコンやサーバーにも感染が広がり損害が大きくなるリスクがあります。

（8）パソコンのオフィス外への持ち出し承認

暗号化されているパソコン以外のIT機器をオフィス外に持ち出した場合，紛失等の際に情報漏洩のリスクがあります。

（9）システムのID申請と棚卸
　システムのIDの管理が不十分だと，不正なアクセスによって情報漏洩が生じるリスクがあります。また不正行為を行った者が特定できず隠ぺいが容易になる可能性があります。

（10）ITセキュリティ研修の受講
　ITセキュリティ研修ではIT機器を利用するうえで留意すべき事項をより深く知ることができます。IT機器を使用するうえでの常識を身につけておかないと，ウイルス感染や情報漏洩などの損失が生じるリスクが高まります。

　これらにより会社に損害賠償や信用失墜等により多大な損失が生じる可能性があることはもちろん，上記損害に直結する行為を行った個人も懲戒などの損失を被ることになるので，十分に注意しましょう。

＜別表２＞

システムID申請フォーム
システムのIDを新規/変更/削除する場合には，本申請フォームにより申請してください。

システム名					
新規/変更/削除					

氏名		登録日	年	月	日
社員番号		利用開始日			
部署名		メールアドレス			
備考					

	IT部長	申請部部長

Appendix 「細則」「通達」「マニュアル」等　277

システムID申請フォーム（リスト方式）

システムのIDを新規/変更/削除する場合には，本申請フォームにより申請してください。

システム名	

登録日	
利用開始日	

部署名	

No.	氏名	社員番号	メールアドレス	新規/変更/削除	備考
1					
2					
3					
⋮					
10					

IT部長	申請部部長

システムID棚卸フォーム

以下のシステムのユーザー IDの登録者が適切であることを確認してください。

システム名	

実施日	
部署名	

No.	氏名	社員番号	メールアドレス
1			
2			
3			
⋮			
10			

IT部長	申請部部長

13 なりすましメール対応要領

なりすましメール詐欺は、受信者を騙して信用できる人・機関から送られてきたメールだと信じ込ませ、悪質なリンクをクリックさせてマルウェアを感染させ機密データの漏洩等を起こしたり、アカウントのID・パスワード等を騙しとったり誤った送金先に入金させることで企業に被害を与えるものです。

これらを回避するためには従業員のレベルで対策を取ることが必要ですが、具体的な対策を社内で通知・共有する要領・通達を紹介している書籍・インターネットサイトを私は今までに見たことがないので、本書にて紹介します。

なりすましメール対応要領

1. 目的

なりすましメールにより偽口座への振り込みやランサムウェアやウイルス等のマルウェアへの感染等が生じると重大な被害につながりかねない。

今日のITツールを通じた不正行為は巧妙かつ複雑になっており、アンチウイルスソフトやファイヤーウォールといった対策だけでは防ぎきれず、各従業員の対応が非常に重要である。

各従業員に適切な対応を求めることで被害を回避することを目的として本要領を定める。

2. 定義

「なりすましメール」（標的型攻撃メール）とは、送信者がメールのヘッダー（メールの詳細情報が書かれている部分のこと）を偽造しクライアントソフトウェアが不正な送信元アドレスを表示するようにしたり、取引先のメールサーバーが他者に乗っ取られることで、実在する取引先等になりすまして受信者を騙すメールのことをいう。代表的な不正例としては、①「不正送金」②「マルウェア攻撃」③「フィッシング」がある。

① 「不正送金」のケースは、あたかも取引先が支払先口座の変更を要求するような偽の内容のメールが送られ、受信者が偽の請求書PDFに基づく偽口座に振り込んでしまう詐欺である。

② 「マルウェア攻撃」は、特定の組織から重要な情報を盗んだり、組織内データを暗号化して使用不能とし身代金を要求することなどを目的として、担当者が業務に関係するメールだと信じて開封してしまうように巧妙に作り込まれたマルウェア付き

のメールによる攻撃である。
③「フィッシング」は，偽の電子メールから偽のホームページに接続させたりするなどの方法で，アカウント情報（ユーザID，パスワードなど）やクレジットカード番号といった情報を盗み出す行為である。

3．「なりすましメール」への基本の心得
（1）なりすましメール＝誰にでも起こり得ること
　自分になりすまされてメールを発信されること，あるいは，他の人になりすましたメールを受信することは誰にでも起こり得る。自分にも起こるものとして認識することが重要である。

（2）どんなメールアドレスか
＜ケース１＞取引先のメールサーバーが乗っ取られた
　正しいメールアドレスからのメールとなるため，アドレスからはなりすましかを判別できない。
＜ケース２＞メールヘッダー（インターネットヘッダー）偽造
　見た目はメールアドレスが取引先のものと同じに見えるため，通常はアドレスからは判別できない。メールヘッダーをチェックして判別できるケースもあるが，明確に判別できないことも多い。
＜ケース３＞酷似したメールアドレス
　現実にはメールアドレス改ざんは微妙にアドレスが変えられているケースがもっとも多い。
　（例）正　　　　　　：Suga-Taro@jpn.internalcontrol.com
　　　　なりすまし：Suga-Taro@jpn.lnternalcontrol.com
　※よく見ると「ⅰ」（小文字のアイ）が「ｌ」（小文字のエル）になっている。

（3）どんな文面か
　言葉の使い回しが不自然であることから判別できることがある。また，よくあるケースとしてMicrosoftや他の有名な会社から日常的には受け取ったことがない内容のメールが来た場合は留意が必要である。
　ただし，相手方のメールサーバーが乗っ取られている場合，日常的なやり取りは既に盗まれているため，文面が模倣され判別が困難なケースもある。

　（1）～（3）に従い，なりすましメールだと疑念を持った場合は，適時にIT部に連絡し，IT部の指示に従って対応する。

4．「不正送金」への対応

支払実績のない銀行口座への送金を取引先より要求された場合は，なりすましメールの疑念の有無にかかわらず，支払が真正なものであることを確認するために当該支払先へ電子メール以外の適切な手段（電話・訪問等）により事実確認を行い，確認結果（確認した方法，日時，人物名，役職，口座変更の理由等）を明記の上で支払依頼を行う（電話により確認する場合はメールに記載されている電話番号は使用しない）。

5．「マルウェア攻撃」への対応

受信メールについて「なりすましメール」の疑義がある場合は
①メール本文内のURLリンクを開かない。
②添付ファイルを開かない。
③間違って開いたとしても「マクロを有効にする」「コンテンツの有効化」はクリックしない。

6．「フィッシング」への対応

受信メールについて「なりすましメール」の疑義がある場合は
①メール本文内のURLリンクを開かない。
②URLについて紛らわしくアドレスが変えられていないか確認する。
（例）正　　　　　：https://www.sugarbank.co.jp
　　　なりすまし：https://www.jpn.sugarbank.co.jp
③URLをクリックしてしまったとしても，ログイン情報等の重要情報の入力ページでSSL（通信暗号化）が採用されていることを確認する（アドレスバーが緑色の表示になっているか，鍵マークが表示されているかなどで確認できる）。

7．その他の留意事項

当社はアンチウイルス等のセキュリティ対策をしているため，通常はメールをOutlookで開くだけではマルウェアに感染することはないが，送信アドレスや件名に疑念を感じた場合は開封も避けるべきである。

添付ファイルの拡張子が「.exe」（プログラム実行ファイル）である場合やマクロを実行できるOfficeファイルである場合はマルウェアのリスクが高いと言われるが，「.jpg」「.gif」（画像ファイル）など別のリスクが低そうな拡張子に偽装されているケースがあるので，拡張子だけで判断してはならない。

アプリケーションソフトは常に最新版にバージョンアップし，定期的にウイルススキャンする設定にする（OSやウイルス対策ソフトはIT部にて集中管理し自動でアップデート）。

Appendix 「細則」「通達」「マニュアル」等　281

8．連絡先

　なりすましメールを開封し，添付ファイルを開いたり，リンクをクリックした場合や，その他ウイルス感染等の懸念がある場合は，速やかにネットワーク（Wifi等）を切断したうえで，以下のIT部窓口まで連絡する。

IT部　セキュリティインシデント対応窓口
メール：○○○@○○.ne.jp
内線：○○○○

以　上

14　非通例取引に係る取扱要領

　非通例取引とは，通例ではないと判断されるものであり，取引のプロセスや支払・値引等の取引条件が通常とは異なるような取引です。取引の実在性や経済合理性が伴わないにもかかわらず売上や利益が計上されたり，不正な取引に巻き込まれるリスクがあります。

　このルールは一般的なものとまではいえませんが，異例な取引について報告義務を課すことにより，一定の牽制効果を生んだり，リスクが高くなりがちな通常行われない取引が本当に妥当な理由により実施されているかを客観的な視点で確認することにより，不正や犯罪行為の被害に遭うリスクを減らすことができます。

非通例取引に係る取扱要領

1．非通例取引とは
　非通例取引とは，当社にて通常は発生せず一般の慣習にない取引のうち，当社に何らか大きな損害を被らせる可能性のある取引をいう。
　該当する取引については＜別表3＞により非通例取引申請を行わなければならない。

2．対象取引
（1）契約締結後に生じる本契約に関連するクレームや採算悪化等に起因する当社損失となる取引

（2）成約の段階から赤字受注の取引（<u>成約の前に</u>承認を取得のこと。）
（3）取引先の親子会社間に介入する取引
（4）同一商品の往復売買取引
（5）異例な商流の取引
（6）異例な決済条件による取引
（7）契約関係のある下請企業をバイパスして孫請企業などに直接支払いを行う取引
　　（本支払いについて自社・下請企業・孫請企業との3者間契約がある場合を除く。）
（8）その他管理部長が非通例取引と判断する取引

- ✓ （1）～（7）については，金額基準を1百万円以上（（1）と（2）は損失額，（3）～（7）は取引額）と定めこれを超えるものを対象とする。
- ✓ 上記対象取引であっても，他の決裁で既に管理部長承認済みの場合は本申請を不要とする。
- ✓ 上記対象取引であっても，商慣習上一般的と言える場合は非通例取引申請の対象外とする。

3．財務経理部への照会
　非通例取引に該当するかどうかについての疑義が生じた場合は，財務経理部に照会する。財務経理部は対象取引に該当するかの判断を行う。なお，財務経理部への照会の際の形式については任意とする。

4．回付ルート
　申請部→財務経理部長→管理部長

5．社長への報告
　非通例取引の発生の有無にかかわらず，四半期に一度，財務経理部より社長に対し報告を行う。

以　上

Appendix 「細則」「通達」「マニュアル」等　283

<別表１＞各対象取引のリスクについて

（１）（２）

　　損失取引自体が異例でありその原因分析が必要となるため管理対象とする。また税
務上寄附（低廉譲渡）にあたる可能性があり経済的合理性を担保できないと否認され
るリスクがある。さらに，不測の損失が生じることに事前に備えることを目的とする。
　　なお，副次的には取引先からの不正なキックバックを目的とする取引を防止する効
果もある。

（３）（４）（５）

　　取引先グループに対する実質的な融資となることがあり，また，取引先グループの
決算操作等の不正に巻き込まれるレピュテーションリスク，架空取引に巻き込まれる
リスクがある。

（６）

　　異例な決済条件となる場合，何らか不正の意図をもって行われる取引である可能性
が高まるため，取引先グループの決算操作等の不正に巻き込まれるレピュテーション
リスクがある。
　　また，取引先の支払期日を延長する場合は相手先の信用不安もあるため，回収リス
クが高まることから，不測の損失が生じることに事前に備えるために非通例取引とす
る。

（７）

　　契約関係がない孫請企業に対する直接の支払いには二重に請求されるリスクがある。

（８）

　　想定外の非通例な取引が生じる可能性があるため，バスケット条項として設定。

<別表２>（３）（４）（５）の内容説明

（３）取引先の親子会社間に介入する取引

<通常の取引>

| 他の企業グループの親会社 | → | 他の企業グループの子会社 |

<親子間取引介入取引>

| 他の企業グループの親会社 | → | 当社 | → | 他の企業グループの子会社 |

（４）同一商品の往復売買取引（循環取引）

　往復売買取引・循環取引は，ある会社が売上を上げるために資産を別の当事者に売却し，後日同資産を買い戻すときに発生する。たとえば，会社が複数の土地を関連他社に売却し，１年後にほぼ同じ価格で買い戻すとする。そうすることで，元の売主だけでなく，マンションを売却する他社にも売上が発生する。このような取引においては会社の利益はほとんどない。

　往復売買取引・循環取引は，会社の売上高の報告額を人為的に膨らませるために使用される。また，一時的に利益を多くみせるために使用されるスキームである。取引の結果として付加価値を生み出していない場合，不正な取引である可能性が高い。

（５）異例な商流の取引

　たとえば，通常は仕入先である会社が売上先となり通常は売上先である会社が仕入先になるような商流の取引などがある。

　（３）と（４）も広く言えば異例な商流の取引の一形態であり，本項はバスケット条項と考えてよい。

Appendix 「細則」「通達」「マニュアル」等　285

＜別表３＞非通例取引申請書

<table>
<tr><td colspan="7" align="center">非通例取引 申請書</td></tr>
<tr><td>管理部長</td><td>財務経理部長</td><td>所属部長</td><td colspan="2">申請番号</td><td></td></tr>
<tr><td rowspan="3"></td><td rowspan="3"></td><td rowspan="3"></td><td colspan="2">申請日</td><td></td></tr>
<tr><td rowspan="3">申請者</td><td>所属</td><td></td></tr>
<tr><td>氏名</td><td></td></tr>
<tr><td>月　日</td><td>月　日</td><td>月　日</td><td>社員No.</td><td></td></tr>
</table>

非通例取引	該当に✓
(1)契約締結後に生じる本契約に関連するクレームや採算悪化等に起因する当社損失となる取引	
(2)成約の段階から赤字受注の取引（成約の前に承認を取得のこと。）	
(3)取引先の親子会社間に介入する取引	
(4)同一商品の往復売買取引	
(5)異例な商流の取引	
(6)異例な決済条件による取引	
(7)契約関係のある下請企業をバイパスして孫請企業などに直接支払いを行う取引	
(8)その他管理部長が非通例取引と判断する取引	

※各損失・取引額とも100万円を超えるものを申請対象とする。

申請内容及び申請理由

取引の概要（取引先名，商品・サービス名，金額，取引条件等）

承認条件

【著者略歴】

菅　信浩（すが・のぶひろ）

1975年東京都生まれ。早稲田大学卒業後，上場準備中の不動産デベロッパー（現在は東証プライム上場）にて営業経験を積んだのち，当該会社の上場を契機に公認会計士の道を目指し，合格後に朝日監査法人（現有限責任あずさ監査法人）へ入所。100社超の監査業務，IPO支援，JSOX導入アドバイザリー等を担当。

その後，大手総合商社へ転職後も数多くのM&AやPMI，内部統制構築に携わり，現在は，本社にて単体・連結決算（IFRS）や事業会社支援，新規投資サポートなど多岐にわたる業務を行っている。

著書に『チェックリストでリスクが見える　内部統制構築ガイド』（中央経済社，2023年）。

業務をまるごと見える化する
経理・財務のフローチャート40

| 2024年11月15日 | 第1版第1刷発行 |
| 2025年7月30日 | 第1版第4刷発行 |

著　者　菅　　　信　　浩
発行者　山　　本　　　継
発行所　㈱中 央 経 済 社
発売元　㈱中央経済グループ
　　　　パ ブ リ ッ シ ン グ

〒101-0051　東京都千代田区神田神保町1−35
電話　03 (3293) 3371 (編集代表)
　　　03 (3293) 3381 (営業代表)
https://www.chuokeizai.co.jp
印刷／昭和情報プロセス㈱
製本／誠　製　本　㈱

© 2024
Printed in Japan

＊頁の「欠落」や「順序違い」などがありましたらお取り替えいたしますので発売元までご送付ください。（送料小社負担）
ISBN978-4-502-51011-3　C3034

JCOPY〈出版者著作権管理機構委託出版物〉本書を無断で複写複製（コピー）することは，著作権法上の例外を除き，禁じられています。本書をコピーされる場合は事前に出版者著作権管理機構（JCOPY）の許諾を受けてください。
JCOPY〈https://www.jcopy.or.jp　eメール：info@jcopy.or.jp〉